Touren für Ausgeschlafene

Die Bayerischen Hausberge
für Wandermuffel

Einfach gemütlich unterwegs auf leichten und kurzweiligen Bergtouren

1 Am Hörnle

Inhalt

Tourenüberblick 5

Vorwort 6

Einleitung 7

Rund um Garmisch-Partenkirchen.................... 13

1 Am Hörnle 14
Minimaler Aufstieg zum Bergglück

2 Um den Eibsee 16
Flacher geht's nicht

3 Auf den Höllkopf 20
Gemütlicher Wandergipfel in eindrucksvoller Landschaft

4 Zum Seebensee 24
Bergsee mit Spiegelbild

5 Am Wank 28
Rundweg am Garmisch-Partenkirchner Sonnenberg

6 Über den Eckbauer 32
Panoramablick vor dem Wettersteingebirge

7 Auf den Herzogstand 36
Aussichtsgipfel mit Seilbahn und Berggasthaus

Wanderungen um Mittenwald.................... 39

8 Auf den Krepelschrofen 40
Wanderberg mit Verlängerung

9 Über den Hohen Kranzberg 44
Gemütliche Wanderung über Mittenwald

10 Ederkanzel und Grünkopf........ 48
Berggasthof in Aussichtslage

11 Durch die Karwendelgrube....... 50
Gemütlicher Rundweg mit großem Fernblick

Im Isarwinkel........................ 55

12 Gipfel um den Blomberg......... 56
Leichte Aussichtsgipfel über der Kurstadt

13 Brauneck-Panoramaweg.......... 60
Von Alm zu Alm im Ski- und Wandergebiet

14 Über die Binsalm in die Eng...... 62
Vorspeise, Hauptspeise, Nachspeise

15 Zur Bärenbadalm................ 66
Karwendelblicke am Zwölferkogel

In den Tegernseer Bergen........ 71

16 Zur Aueralm 72
Almenglück über dem Tegernsee

17 Auf den Wallberg................ 74
Toller Seilbahngipfel mit dem Kircherl

18 Zu den Siebenhütten............ 76
Alm mit Bachgeplätscher

19 Zum Riederstein................. 80
Beeindruckender Tegernseeblick

8 Auf den Krepelschrofen

16 Zur Aueralm

17 Auf den Wallberg

25 Auf den Wendelstein

Wanderungen im Schlierseegebiet 83

20 Über den Schlierseer Höhenweg 84
Burgruine, Bergsee und Bauernhofmuseum

21 Stümpfling und Rosskopf 88
Gemütlich gegenüber der Rotwand

22 Rotwandhaus und Taubensteinhaus 92
Klassiker in den Münchner Hausbergen

Die Bergwelt von Bayrischzell 95

23 Auf den Schwarzenberg 96
Hundhamer Aussichtsberg

24 Zur Kesselalm 98
Beliebtes Ausflugsziel über Fischbachau

25 Auf den Wendelstein 102
Beherrschender Gipfel des Mangfallgebirges

26 Zur Mariandlalm 104
Das Knödelparadies unter dem Trainsjoch

27 Aufs Hintere Sonnwendjoch 108
Murmeltier, Almkäse und eine Parade-Gipfelschau

Links und rechts des Inntals 113

28 Zur Wirtsalm 114
An frischer Luft und kühlem Wasser

29 Auf den Petersberg 116
Die frühe Geschichte Bayerns

30 Auf das Kranzhorn 120
Zwei Kreuze und eine Jausenstation

Zugabe 124
Register 125
Impressum 128

Tourenüberblick

Tour		Name	🥾 km	⛰	🕐	🍴	😊	🏛	❄	☀	🌳	🚡	☼🌊	🚌
1	●	Am Hörnle	4,5 km	200/200 Hm	2 Std.	●	●			●				●
2	●	Um den Eibsee	7 km	30/30 Hm	2 Std.	●	●			●			●	●
3	●	Auf den Höllkopf	5,3 km	520/520 Hm	3.30 Std.	●				●				●
4	●	Zum Seebensee	12 km	400/400 Hm	4 Std.	●				●				●
5	●	Am Wank	1,9 km	90/90 Hm	0.45 Std.	●	●			●		●		●
6	●	Über den Eckbauer	6,4 km	550/550 Hm	2.30 Std.	●				●		●		●
7	●	Auf den Herzogstand	3,5 km	220/220 Hm	1.30 Std.	●				●		●		●
8	●	Auf den Krepelschrofen	7.3 km	300/300 Hm	2 Std.	●				●				●
9	●	Über den Hohen Kranzberg	8,2 km	200/450 Hm	2.45 Std.	●				●	●	●		●
10	●	Ederkanzel und Grünkopf	3,5 km	250/250 Hm	1.30 Std.	●				●				●
11	●	Durch die Karwendelgrube	1,5 km	120/120 Hm	0.45 Std.	●				●		●		●
12	●	Gipfel um den Blomberg	6,7 km	320/320 Hm	2.30 Std.	●				●		●		●
13	●	Brauneck-Panoramaweg	3,9 km	240/240 Hm	1.30 Std.	●				●		●		●
14	●	Über die Binsalm in die Eng	12 km	350/350 Hm	2.15 Std.	●				●				●
15	●	Zur Bärenbadalm	6 km	100/700 Hm	2.45 Std.	●				●				●
16	●	Zur Aueralm	11 km	500/500 Hm	3.15 Std.	●				●			●	●
17	●	Auf den Wallberg	1,5 km	130/130 Hm	0.45 Std.	●				●		●		●
18	●	Zu den Siebenhütten	6 km	50/50 Hm	2 Std.	●	●			●				●
19	●	Zum Riederstein	8,1 km	440/440 Hm	3 Std.	●								●
20	●	Über den Schlierseer Höhenweg	6 km	350/350 Hm	2.30 Std.	●				●				●
21	●	Stümpfling und Rosskopf	5,9 km	240/590 Hm	2.15 Std.	●				●		●		●
22	●	Rotwandhaus und Taubensteinhaus	6,4 km	390/390 Hm	2.30 Std.	●				●		●		●
23	●	Auf den Schwarzenberg	6 km	350/350 Hm	2.30 Std.	●				●				●
24	●	Zur Kesselalm	6 km	430/430 Hm	2.30 Std.	●				●	●			●
25	●	Auf den Wendelstein	1,8 km	150/150 Hm	1 Std.	●		●		●		●		●
26	●	Zur Mariandlalm	5,2 km	350/350 Hm	3 Std.	●				●				●
27	●	Aufs Hintere Sonnwendjoch	9 km	650/650 Hm	3.15 Std.	●								●
28	●	Zur Wirtsalm	3 km	100/100 Hm	0.45 Std.	●				●				●
29	●	Auf den Petersberg	6 km	360/360 Hm	3 Std.	●		●		●				●
30	●	Auf das Kranzhorn	8 km	500/500 Hm	3 Std.	●	●			●				●

Vorwort

Wandermuffel? Im ersten Moment dachten wir uns, was ist das nun wieder für eine verrückte Idee. Bei genauem Hinsehen erkannten wir den Reiz an der Aufgabe. Die Sammlung einfacher Touren, bei denen man ohne viel körperliche Mühe die Schönheit der Bayerischen Hausberge erleben kann.

Es ist einfach traumhaft, das Panorama in unseren heimischen Bergen zu genießen, und wir möchten mit diesem Buch auch jene Menschen einladen, diese Welt zu erleben, die nicht so gerne lange zu Fuß unterwegs sind oder dies vielleicht aus körperlichen Gründen auch nicht so können.

Unsere Region beginnt ganz im Westen mit dem Hörnle bei Bad Kohlgrub und führt uns weiter zu malerischen Bergseen wie dem Eibsee und Seebensee. Höhepunkte sind berühmte Aussichtsgipfel wie Wank und Herzogstand. Beeindruckend nah kommt man an das wilde Karwendelgebirge in Mittenwald an der Karwendelgrube oder bei der Binsalm in der Eng heran.

Weiter im Norden folgen die Gipfel im Isarwinkel, am Tegernsee, Schliersee und Spitzingsee. Hier warten beliebte und bekannte Berge wie Rotwand, Wallberg oder Wendelstein, aber auch unbekanntere Ziele wie der Schwarzenberg, der Weg zur Aueralm oder die Mariandlalm. Den Abschluss bilden die Gipfel über dem Inntal, der Petersberg und das kecke Kranzhorn mit faszinierendem Tiefblick zum Inn.

Immer wieder finden sich bei den Touren schöne Einkehrmöglichkeiten, die eine Wanderung zu einem runden Erlebnis machen. Wer auf den Geschmack gekommen ist und vielleicht doch einmal eine längere Wanderung ausprobieren möchte, dem legen wir die eine oder andere Variante ans Herz, mit denen wir die Touren angereichert haben.

Wir wünschen nun viel Spaß beim Entdecken der bayerischen Bergwelt.

Janina Meier, Lisa Bahnmüller, Markus Meier, Wilfried Bahnmüller

Die Mittenwalder Kirche mit der Viererspitze

Am Brauneck-Höhenweg

Einleitung

Anreise

Alle Ausgangspunkte sind auf gut ausgebauten Straßen erreichbar. Oberammergau und Garmisch-Partenkirchen von München über die A95, der Isarwinkel über Bad Tölz, die Schlierseer und Tegernseer Berge von der A8 München–Salzburg.

Es empfiehlt sich die Anreise mit öffentlichen Verkehrsmitteln. Garmisch-Partenkirchen ist problemlos mit der Bahn erreichbar, und die Bayerische Oberlandbahn (BOB) bringt den Wanderer von München aus schnell in den Isarwinkel sowie die Tegernseer und Schlierseer Berge.

Ausrüstung

Die meisten in diesem Buch beschriebenen Touren sind sehr einfach. Trotzdem kann eine Bergwanderausrüstung nicht schaden, vor allem, wenn man sich für eine der vorgestellten Varianten entscheidet. Sie sollte allerdings zur Jahreszeit und dem Wetter passen.

Bei der Bekleidung hat sich das Zwiebelprinzip mit mehreren Schichten bewährt. Die Materialien von Shirts, Hemden und Unterwäsche sind idealerweise aus Kunstfaser oder Merinowolle. Während Kunstfaser die Feuchtigkeit vom Körper wegtransportiert, wärmt Merinowolle auch im feuchten Zustand noch. Zudem riecht sie auch nach Tagen nicht unangenehm. Eine lange Berghose gehört zur Standardausrüstung und ist auch bei heißen Sommertagen, wenn ein Paar Shorts ausreicht, zumindest im Rucksack mit dabei.

Ein Fleecepullover gegen Auskühlung und für Regenwetter ein Anorak gehören ebenso in den Rucksack wie bei kühleren Temperaturen Handschuhe und Mütze. Die Bergschuhe sollten passen, eine gute Profilsohle aufweisen und idealerweise bis über die Knöchel reichen. Vor langen Wanderungen sollte man die Schuhe einlaufen.

Gute Wandersocken haben eine Polsterung an den empfindlichen Stellen und erhöhen deutlich den Tragekomfort. Einige haben auch eine Bezeichnung für den rechten oder linken Fuß, was man unbedingt beachten sollte.

Weitere wichtige Ausrüstungsgegenstände sind ein guter Rucksack, Sonnenschutzcreme, Sonnenbrille, Taschen- oder Stirnlampe, Erste-Hilfe-Material, Biwaksack, Brotzeit und Getränke. Bei langen Abstiegen können Teleskopstöcke von Vorteil sein und die Gelenke deutlich entlasten.

Tourenplanung

Eine sorgfältige Tourenplanung bildet die Grundlage für eine sichere und gelungene Tour. Normalerweise empfehlen wir eine gute topografische Karte. Für die kurzen hier vorgestellten Touren kann dies aber auch eine Kompass-Wanderkarte sein. Aufgrund der Routenbeschreibungen in diesem Buch kann auf weitergehende Literatur verzichtet werden.

Zur konkreten Planung sollten unbedingt Erkundigungen über die aktuellen Verhältnisse eingeholt werden. Dies kann man inzwischen im Internet auf diversen Tourenforen nachlesen. Gezielte Informationen geben auch die Internetseiten der Seilbahnen oder die telefonische Nachfrage bei Hüttenwirten oder Fremdenverkehrsämtern.

Almidylle am Großen Ahornboden im Karwendel

Einleitung

Wetter

Das Wetter spielt beim Wandern in der freien Natur eine entscheidende Rolle. Heute sind die Wetterprognosen für die nächsten 24 bzw. 48 Stunden sehr genau. Informationen bekommt man über den Alpenvereinswetterbericht unter www.alpenverein.de oder telefonisch unter 089/2905070.

Leider beobachtet man häufig, dass viele Wanderer das Wetter unterschätzen, was zu gefährlichen Situationen führen kann. Wenn für den Nachmittag Gewitter angekündigt sind, sollte man früh aufbrechen, um rechtzeitig die Tour beendet zu haben, auch wenn sich am Morgen noch keine Wolke am Himmel zeigt.

Notfälle

Die Bergunfallstatistik besagt eindeutig, dass die meisten Bergunfälle beim Bergwandern passieren. Deshalb kommt es neben einer guten Tourenplanung besonders auf das richtige Einschätzen des eigenen Leistungsvermögens an.

Verdiente Brotzeit auf der Aueralm

Sollte es doch einmal zu einem Unfall kommen, heißt es ruhig bleiben und Erste Hilfe leisten. Es ist wichtig, schnell Hilfe zu holen. Das Mobiltelefon, das inzwischen auf jeder Tour im Rucksack dabei ist, macht das Herbeiholen von Hilfe deutlich schneller. Die internationale Notrufnummer ist die 112. Folgende Angaben sind erforderlich:

- Wo ist der Unfall passiert: eindeutige Ortsangabe (Koordinaten, Kartenblatt)
- Was ist passiert: Art und Schwere der Verletzungen
- Wie viele Personen sind verletzt?
- Welche Verletzungen haben die Personen (Art und Schwere der Verletzung)
- Warten auf Rückfragen

Nach dem Notruf mit dem Handy sollte man das Handy angeschaltet lassen und nicht mehr telefonieren. So hat die Rettungsleitstelle die Möglichkeit, für Rückfragen zurückzurufen.

Alpines Notsignal Sollte man einmal keinen Handyempfang haben, so muss man das alpine Notsignal senden, um Hilfe zu holen. Sechsmal in einer Minute ein optisches oder akustisches Signal geben (Pfeifen, Rufen, Lichtsignal). Dieses wiederholt man nach einer Pause von einer Minute so lange, bis man Antwort erhält. Die Antwort besteht aus drei Signalen innerhalb einer Minute.

Ein Fliegenpilz sieht auch von der Unterseite schön aus.

Hubschraubereinsatz Beim Hubschraubereinsatz signalisiert man mit der YES-Position (nach oben ausgestreckte Arme), dass man Hilfe benötigt. Der Hubschrauber ist einzuweisen. Hierzu sollte der Einweiser mit dem Rücken zum Wind stehen und sich nicht bewegen, wenn der Hubschrauber sehr nahe kommt (evtl. knien). Der Landeplatz sollte frei von losen Gegenständen sein.

Alpine Gefahren

Wetter Wie schon beschrieben, kann sich das Wetter im Gebirge innerhalb eines Tages schnell ändern. Wetterstürze bringen natürlich auch Gefahren mit sich. Während bei Gewitter die unmittelbare Gefahr eines Blitzschlages besteht, kann bei Wetterstürzen mit Neuschnee einfaches Wandergelände plötzlich vereisen oder die damit verbundene Kälte bei unzureichender Ausrüstung schnell zu Unterkühlung führen. Bei Gewittergefahr sollte man nach Möglichkeit umkehren. Auf alle Fälle sind Grate und Gipfel ebenso wie wasserführende Rinnen und Gräben zu meiden und Drahtseile nicht mehr zu berühren. Man sollte Mulden aufsuchen und sich auf eine isolierende Unterlage (Rucksack) setzen.

Einleitung

Verhältnisse Nicht nur ein plötzlicher Wettersturz kann durch Schnee, Vereisung oder Nässe zu Gefahren führen. Im Frühsommer behindern häufig Altschneefelder auf den Wegen ein leichtes Fortkommen. Hier sollte man als Anfänger dann besser umkehren.

Steinschlag und Wechten Auf diese alpinen Gefahren sollte man bei den hier beschriebenen Touren nicht treffen.

Subjektive Gefahren Man sollte bei der Auswahl der Touren die konditionelle Verfassung und das persönliche Können berücksichtigen. Kondition kann man sich durch regelmäßiges Training aneignen. Die Touren in diesem Buch sind nicht besonders lang. Zu Beginn wählt man lieber eine kleinere Tour, als bei einer größeren Tour oder Variante überfordert zu sein und sich in Gefahr zu bringen. Während der Tour heißt es, ausreichend Pausen einzulegen und genügend zu trinken und notfalls lieber die Tour abzubrechen. Das persönliche Können erwirbt man durch Üben, zum Beispiel mit einem erfahrenen Begleiter auf einer Tour oder noch besser durch entsprechende Kurse in den Sektionen des Deutschen Alpenvereins.

Umweltschutz

Unsere Alpen sind durch den Tourismus einer immer stärkeren Belastung ausgesetzt. Wir können durch eine Anreise mit öffentlichen Verkehrsmitteln einen kleinen Beitrag zur Entlastung leisten. Deshalb haben wir, wo es möglich und sinnvoll ist, die Anreise mit öffentlichen Verkehrsmitteln bei jeder Tour angegeben.

Es versteht sich natürlich von selbst, den eigenen Müll wieder mit ins Tal zu nehmen. Genauso wie man die Blumen – und sind sie noch so schön – auf der Blumenwiese stehen lässt. Man will ja selbst auch nicht durch eine Müllhalde und über abgerupfte Wiesen laufen.

Das Gipfelkreuz auf dem Wallberg

Blick vom Wank ins Estergebirge

Rund um Garmisch-Partenkirchen

1 Am Hörnle

Minimaler Aufstieg zum Bergglück

leicht | 2 Std. | 200 Hm | 4,5 km

Tourencharakter
Mithilfe der Hörnlebahn eine sehr leichte Wanderung auf bequemen Wegen über Almwiesen. Nur mäßige Steigungen!

Ausgangs-/Endpunkt
Parkplatz der Hörnlebahn

GPS-Daten
47.644629, 11.055221

Anfahrt
Auto: Auf der A95 von München bis Ausfahrt Kochel/Murnau, über Murnau nach Bad Kohlgrub; dort ist die Hörnlebahn mit ihren Parkplätzen ausgeschildert. Wir empfehlen den großen oberen Parkplatz. Mit der Hörnlebahn hinauf zur Bergstation. Bus/Bahn: Mit der Bahn bis Bad Kohlgrub und mit dem Bus zur Bergbahn

Einkehr
Hörnlehütte bei der Bergstation der Hörnlebahn mit einfacher, aber sehr geschmackvoller Küche; Hörnlealm (Brotzeiten); einige Gaststätten in Bad Kohlgrub

Karte
Kompass-Wanderkarte 179, Pfaffenwinkel, Schongauer Land, 1:50 000

Information
www.ammergauer-alpen.de

Ein bisschen Weg darf es sein, natürlich nur mit minimalem Anstieg – das ist dann der richtige Forderungskatalog für die Bergtour eines Wandermuffels. Wenn dann noch ein Gipfel mit weiter Aussicht dazukommt und überdies eine Alm direkt am Weg liegt, dann ist das Glück vollkommen.

Zuerst ein Zeitberg Vom ❹ **Parkplatz der Hörnlebahn** fahren wir mit dem Sessellift hoch. An der Bergstation der Seilbahn angekommen, können wir sofort den ersten Gipfel »bezwingen«. Es ist der ❶ **Zeitberg** und der Anstieg zu ihm fordert immerhin ganze sieben Höhenmeter! Dieser Berg war bis vor ein paar Jahren ein einfacher Wiesenhügel ohne Namen. Doch dann wurde er ausgebaut und bekam den Namen »Zeitberg«. Der Name soll uns anregen, uns Zeit zu nehmen, und dazu ist hier reichlich

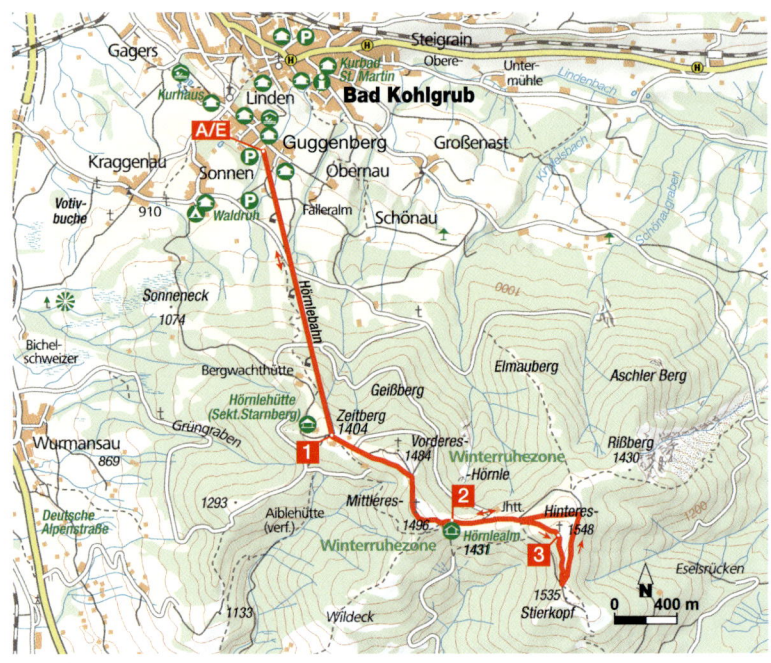

Gelegenheit. Der Hügel wurde oben abgeflacht, ein fester Zaun umspannt ihn. Das Kreuz weist ihn eindeutig als Gipfel aus. Bänke und Liegen laden zum Verweilen ein, Schautafeln erzählen viel über die Alpen und ihre besondere Natur. 3-D-Naturkino nennen die Erbauer der Zeitberganlage das Panorama von hier oben. Übrigens, der Zaun macht Sinn. Er verhindert wirkungsvoll, dass die Weidetiere die Stelle als Rastplatz entdecken.

Über Almwiesen weiter Wenn wir uns lange genug umgesehen haben, vertreten wir uns nun die Füße und wählen den Weg von der Hörnlehütte nach Osten. Er führt uns über den Almboden, wir passieren nochmals zwei Rastinseln mit Ruheliegen und tauchen dann kurz in einen Wald ein. Dort, wo wir ihn verlassen, steht rechter Hand die kleine ❷ **Hörnlealm**. Im Sommer bieten die Senner einfache Brotzeiten an. Wir gehen auf unserem Weg weiter auf das Hintere Hörnle zu. Den etwas überwachsenen Trampelpfad direkt zum Gipfel schenken wir uns der Umwelt zuliebe. Wir bleiben auf unserem Weg und umgehen den Gipfel im Uhrzeigersinn, um dann von Süden her direkt aufzusteigen. Das ❸ **Hintere Hörnle** lässt uns noch viel weiter als der Zeitberg blicken. Es gibt viel zu schauen und wir entdecken immer wieder Neues. Mit dieser Aussicht fühlt es sich nach einer echten Bergtour an!

Die Hörnlehütte ist das Ziel nach der Gipfelbesteigung.

Zurück zur Bergstation Zurück gehen wir auf dem Weg, auf dem wir gekommen sind, und können uns jetzt noch eine Stärkung auf der Hörnlehütte leisten, ehe wir befriedigt und erholt von der Sesselbahn-Bergstation zu Tal und zum ❺ **Parkplatz** schweben.

Die verflixten Namen

Ein Blick auf die Landkarten oder auch ins Internet lehrt uns, dass neben der Bergstation der Hörnlebahn die Hörnlehütte steht. An der Hütte finden wir aber ein großes Schild, das sie Hörndlhütte benennt. Was ist nun richtig? Beides, je nach Standort. In Bad Kohlgrub verwendet man aufgrund der Nähe zum Allgäu alemannische Worte, hier heißt ein kleines Horn eben Hörnle. In Starnberg, wo die Erbauer der Hütte, die Alpenvereinssektion Starnberg, zu Hause sind, ist ein kleines Horn dagegen ein Hörndl. So haben sie es 1911, als die Hütte erbaut wurde, hingeschrieben, nicht ahnend, dass es damit hundert Jahre später zu Verwirrung oder Verwunderung kommen könnte.

2 Um den Eibsee

Flacher geht's nicht

leicht | 2 Std. | 30 Hm | 7 km

Tourencharakter
Einfache Wanderung auf Wegen rund um den See. Im Sommer mit Kinderwagen möglich, im Winter mit Schlitten. Im Sommer Badesachen mitnehmen.

Ausgangs-/Endpunkt
Parkplatz Eibsee

GPS-Daten
47.457210, 10.991410

Anfahrt
Auto: Auf der Garmischer Autobahn A 95 zum Autobahnende und nach Garmisch-Partenkirchen. Nach dem Tunnel Farchant auf der B 23 Richtung Fernpass/Reutte. Kurz nach Ortsende von Garmisch links über Grainau zum Eibsee. Großer gebührenpflichtiger Parkplatz am See. Bus/Bahn: Mit der Bahn bis Garmisch-Partenkirchen. Der Eibseebus verbindet im Stundentakt den Bahnhof mit Grainau und Eibsee, auch die Zugspitzbahn (teuer!) hält am Eibsee.

Einkehr
Eibsee-Pavillon direkt am See; einige Kioske

Karte
Kompass-Wanderkarte 5, Wettersteingebirge, Zugspitze, 1:50 000

Information
www.gapa.de, www.grainau.de

Passend vor allem für den Sommer! Ein paar Schritte durch schattigen Wald, dazu ein Bergsee mit einer pfefferminzgrünen Farbe, überdies eine Fahrmöglichkeit per Schiff und zur Krönung ein Eiskaffee auf einer sonnigen Terrasse ...

Glasklares Wasser und graue Felswände Unsere Tour beginnt an den großen **A Parkplätzen am Eibsee**. Mit Blick in Richtung See wandern wir rechts hinter dem großen Eibsee-Hotel vorbei und kommen erst dann zum Seeufer. Eigentlich ist es egal, wie wir um den See wandern. Aber entgegen dem Uhrzeigersinn hat man zu Beginn die tollen Aussichten auf die Zugspitzwände. Das ist vor allem für die Wandermuffel unter uns wichtig, die vorhaben, den Rundweg an der Hälfte der Strecke mit dem Schiff abzukürzen.

Um den Eibsee

Mit dem Tretboot erleben wir den Eibsee aus einer anderen Perspektive.

So folgen wir nach dem Hotel einfach dem markierten und gut ausgeschilderten Eibsee-Rundwanderweg. Schon nach gut fünf Minuten überqueren wir den ❶ **Untersee**, eine lang gestreckte Seitenbucht des Sees. Ab hier umwandern wir eine kleine Bucht nach der anderen, so abwechslungsreich und noch dazu völlig eben, da bedarf es kaum einer »Wandermotivation«. Über uns stehen massiv und fast abweisend die grauen Felswände der Waxensteine und der Riffelwand. Sie spiegeln sich im grünblau leuchtenden Wasser. Hier liegen einige der schönsten Badestellen, die vor allem lange von der Sonne beschienen sind. Aber ohne die Illusion

Eine Naturkatastrophe

Vor etwa 3500 Jahren ließ an der Zugspitze eine Klimaerwärmung den Permafrost verschwinden, das Gestein lockerte sich und ein riesiger Felsbereich zwischen Zugspitze und Riffelwand donnerte als Bergsturz ins Loisachtal hinunter. Er traf auch den Eibsee. In ihm entstanden acht Inseln. In den Wäldern um den See liegen gewaltige, bemooste Felsblöcke, die heute noch von der damaligen Naturkatastrophe zeugen.

Am frühen Morgen ist es noch ganz ruhig auf den Wanderwegen.

rauben zu wollen: Der Eibsee ist und bleibt ein Bergsee – warmes Wasser ist etwas anderes, da hilft auch kein heißer Sommertag.

Etwas weiter erreichen wir eine größere Halbinsel, die unseren direkten Seeweg abschneidet – nur Trampelpfade führen dort zu einsamen Stellen. Aber schließlich sind auch wir wieder in Ufernähe und schauen auf die vielen kleinen Inseln des Sees. An der sich verändernden Farbe des Wassers sind die Untiefen im See gut erkennbar. Sie sind Relikte des großen Bergsturzes, der den Eibsee vor etwa 3500 Jahren entstehen ließ (siehe Kasten). Dann sind wir an einem der schönsten ❷ **Aussichtspunkte** über den See. Es gibt sogar einen kleinen Unterstand und ein paar Rastbänke. Ein perfekter Platz zum Innehalten und um sich zu überlegen, ob man die Wanderung noch um die zweite Hälfte des Sees fortsetzen möchte.

Denn nur wenig später liegt die ❸ **Anlegestelle** für die Rückfahrt mit dem Boot an unserem Weg. Vom Eibsee-Hotel aus fährt je nach Bedarf stündlich das Schiff »Reserl« zum Westufer des Sees und wieder zurück (Info über www.eibsee-hotel.de).

Für die richtige Entscheidung muss man jedoch wissen, dass nun der Weg erst einmal etwas ansteigt und dann im steten Auf und Ab verläuft.

Nordansichten Aber versprochen, landschaftlich bleibt es schön. Und so queren wir den ❹ **Kotbach** und haben den westlichen Zipfel des Eibsees erreicht. Der Kotbach ist einer von drei

schmalen, aber immerhin sichtbaren Zuflüssen des Eibsees. Das meiste Wasser fließt unter der Wasseroberfläche in den See, hier soll sich auch der Abfluss befinden. Man vermutet, dass das Eibseewasser in der Quelle des Krepbaches in Grainau wieder ans Tageslicht tritt.

Langsam verabschieden wir uns von dem Blick auf die Wettersteinwände über uns. Dafür tauchen beim Weitergehen die Berge der Ammergauer Alpen auf, denn jetzt blicken wir nach Norden. Die Kette der Gipfel reicht von den Geierköpfen ganz im Westen über die Friederspitz zum Kramer, dem Garmischer Hausberg. Langsam nähert sich der Uferweg auch wieder dem Wasser. Nun können wir sicher sein, dass es jetzt eben und flach bleibt. Am ❺ **Frillensee** vorbei, den wir nicht mit dem durch den Eissport geprägten Frillensee bei Inzell verwechseln dürfen, erreichen wir wieder den kleinen Ort Eibsee, wo wir nun im Eibsee-Pavillon einkehren können. Daneben gibt es auch einen Tret- und Ruderbootverleih sowie Stand-up-Paddlings zu mieten. Eine Möglichkeit, den See aus einer ganz anderen Perspektive zu erleben und noch dazu völlig ohne zu wandern. Interessant ist sicherlich auch noch die neue Zugspitzseilbahn, die viele Rekorde bricht. Es lohnt sich, ihr beim Schweben zuzusehen. Ihre Talstation befindet sich unübersehbar ebenfalls neben der Bahnhofstation der Zahnradbahn, wo wir somit wieder an den ❺ **Parkplätzen** zurück sind.

Rund um die Inseln erkennt man die Wassertiefen.

Ganz oben: Ein mächtiger Baumschwamm erobert den abgestorbenen Baum im Naturschutzgebiet am Eibsee.

3 Auf den Höllkopf

Gemütlicher Wandergipfel in eindrucksvoller Landschaft

leicht 3.30 Std. 520 Hm 5,3 km

Tourencharakter
Gute, einfache Wanderwege. Teilweise etwas steinig.

Ausgangs-/Endpunkt
Parkplatz an der Marienbergbahn-Talstation in Biberwier.

GPS-Daten
47.353275, 10.893889

Anfahrt
Auto: Auf der A95 nach Garmisch-Partenkirchen und weiter über Ehrwald nach Biberwier zur Talstation der Marienberglifte. Bus/Bahn: Mit der Bahn über Garmisch-Partenkirchen nach Ehrwald und mit dem Bus nach Biberwier

Einkehr
Berggasthaus Sunnalm

Karte
Kompass-Wanderkarte 25, Zugspitze, Mieminger Kette, 1:50 000

Information
www.zugspitzarena.com

Der Höllkopf ist ein eher unbekannter Gipfel im Gebiet der Marienberglifte und bietet eine beeindruckende Aussicht auf die wilde Südseite des Grünsteins. Der Montan-Wanderweg ist eine geschichtlich interessante Variante.

Der Höllkopf Ausgangspunkt ist der **A** **Parkplatz der Marienberglifte** in Biberwier. Gleich neben der Bergstation der Marienberglifte beginnt der Wanderweg zum Höllkopf. Wir spazieren bergauf in das breite **1** **Marienbergjoch** mit dem ehemaligen Marienberghaus. Hier bewundern wir gleich eine großartige Sicht nach Süden bis in die Zentralalpen. Jetzt müssen wir ein wenig aufpassen, da wir am Joch in einen eher schlecht sichtbaren Steig nach links einbiegen. Wir wandern unter den Südabstürzen der Marienbergspitze zwischen Latschen und über Wiesen

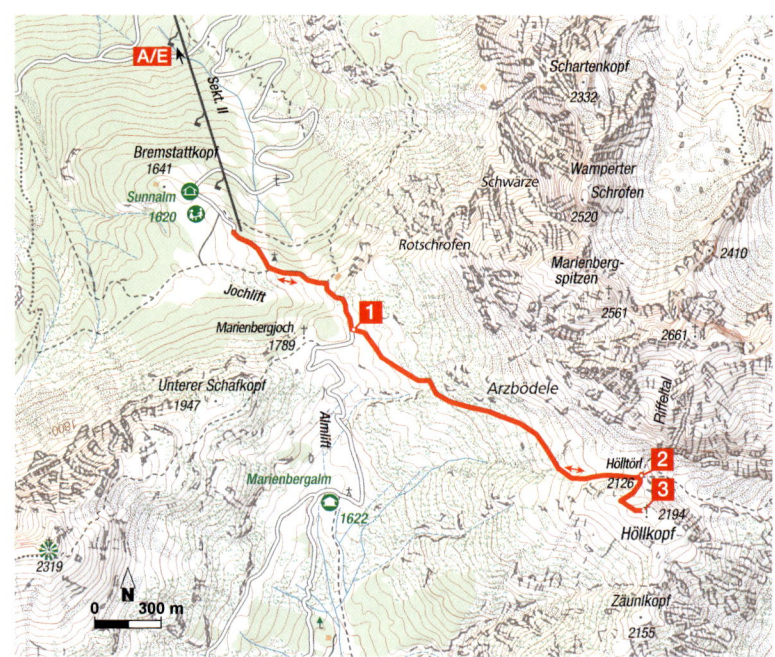

Auf den Höllkopf

zu einem Tälchen. Durch das Tälchen geht es bergauf und weiter an einigen großen Blöcken vorbei. Schließlich erreichen wir das ❷ **Hölltörl** direkt unter dem mächtigen Grünstein. Am Wegweiser im Hölltörl biegen wir zunächst nach rechts ab. Wieder heißt es aufpassen, weil wir zum Höllkopf den Steigspuren hinauffolgen und dabei keine Markierungen den Weg weisen. Oben sehen wir links schon das Gipfelkreuz. Nach nur zehn Minuten kommen wir am aussichtsreichen ❸ **Höllkopf** an. Eindrucksvoll präsentieren sich hier oben die Südwände von Marienbergspitzen und Grünstein. Kaum zu glauben, dass auf den Grünstein durch diese unübersichtliche Flanke ein Anstieg hinaufzieht. Dieser bleibt aber nur wagemu-

Nicht mehr weit bis zum Höllkopf-Gipfel

Ganz oben: Tolles Panorama vom Weg zum Höllkopf

Bergbau an der Silberleithe

Der Bergbau begann in den Miemingern Ende des 15. Jahrhunderts. In den Bergwerken an der Silberleithe, im Igelskar und am Wannig baute man bis 1921 Silber, Blei und Zink ab. Auf dem Montan-Wanderweg vom Marienbergjoch über den Schachtkopf nach Biberwier kommen wir an den Bergwerksstollen vorbei und lesen viele interessante Informationstafeln zum Bergbau an der Silberleithe.

tigen Alpinisten vorbehalten. Wir begnügen uns lieber mit unserem beschaulichen Aussichtsgipfel: Im Osten sehen wir die Wankspitze und einige andere Mieminger Gipfel, im Süden schauen wir über das Inntal hinweg auf die Gletscherriesen der Stubaier und Ötztaler Alpen. Hier lässt es sich in der Sonne gemütlich rasten.

Beeindruckend: Unter dem Grünstein

Rechts: Gemütlicher Wanderweg mit Blick zum Wannig

Schließlich wandern wir auf dem vom Aufstieg bekannten Weg unter den Felswänden zurück zum Marienbergjoch und haben uns jetzt eine Einkehr in der Sunnalm verdient. Dabei handelt es sich eher um ein Berggasthaus als um eine Alm. Das stört uns aber nicht weiter. Die Aussicht von der Terrasse ist großartig und das kühle Erfrischungsgetränk schmeckt wunderbar. Mit dem Sessellift schweben wir von der Bergstation zurück ins Tal und zum **E Parkplatz**.

Montan-Wanderweg im Aufstieg   Der Abstieg von der Sunnalm über den Montan-Wanderweg ist nicht zu empfehlen. Der Weg ist teilweise ganz schön steil, sodass ein Abstieg richtig in die

Auf den Höllkopf

Knie geht. Eine Alternative ist der Aufstieg zur Sunnalm über den Montan-Wanderweg und die Abfahrt mit dem Sessellift ins Tal.

Von der Talstation der Marienbergbahn folgen wir dem Montanweg kurz in Richtung Ort, biegen dann bald aber nach rechts ab und kommen zur ersten Station »Schmölz«. Die nächsten Stationen heißen »Erztransport« und »Pulverkeller«. Wir biegen nicht nach links in Richtung Coburger Hütte ab, sondern gehen nach rechts zum Jacobi-Stollen und weiter zum Schachtkopf. Hier genießen wir eine traumhafte Aussicht auf das Ehrwalder Becken. Wir wandern weiter in Richtung Marienbergjoch. Dabei gelangen wir zum Barbara-Stollen und zur Station »Manganbergbau«.

Oben in der Nähe der Bergstation der Marienberglifte liegt die Barbarakapelle. Nach dem anstrengenden Anstieg haben wir uns die Einkehr in der Sunnalm redlich verdient (Aufstiegszeit 2 Std.).

Immer wieder durchschnaufen und staunen

Wenn man dann trotzdem lieber absteigt, als mit dem Sessellift zu fahren, muss man nicht den Montan-Wanderweg hinuntergehen. Nach der Rast in der Sunnalm spazieren wir direkt unterhalb der Liftanlagen über schöne und einfache Wanderwege entlang der Skipiste ins Tal. Bei dieser feinen Rundwanderung verzichten wir wahrscheinlich auf den Gipfelausflug zum aussichtsreichen Höllkopf, genießen aber trotzdem einen sicherlich wunderschönen Bergtag.

4 Zum Seebensee

Bergsee mit Spiegelbild

mittel | 4 Std. | 400 Hm | 12 km

Tourencharakter
Längere Wanderung auf Almsträßchen und Bergwegen. Der Großteil des Aufstiegs wird mit der Bahn erleichtert. Keinerlei technische Schwierigkeiten, um den See schmale Bergpfade.

Ausgangs-/Endpunkt
Ehrwalder Almbahn-Talstation

GPS-Daten
47.387591, 10.938124

Anfahrt
Auto: Auf der A95 zum Autobahnende, weiter über Garmisch-Partenkirchen in Richtung Fernpass und nach Ehrwald. In Ehrwald links, durch den Ort. Am Kirchplatz erneut links und auf der Doktor-Ludwig-Ganghofer Straße zur ausgeschilderten Talstation.
Bus/Bahn: Mit der Bahn nach Lermoos, weiter mit dem Bus

Einkehr
Ehrwalder Alm direkt an der Bergstation; Berggasthof Alpenglühn; Seebenalm (Ende Mai bis Anfang Oktober)

Karte
Kompass-Wanderkarte 5, Wettersteingebirge, Zugspitze, 1:50 000

Information
www.zugspitzarena.com, www.almbahn.at

Völlig wanderunlustig dürfen wir bei dieser Tour nicht sein, aber der Weg ist nicht anstrengend. Wer seine Schweißperlen opfert, wird mit einem der schönsten Bergseen der Alpen belohnt. Den Seebensee darf man sich nicht entgehen lassen.

Hoch zur Ehrwalder Alm Unsere Tour beginnt erst einmal völlig entspannt am Ⓐ **Parkplatz der Ehrwalder Almbahn**, denn wir schweben in den kleinen Gondeln gute 500 Höhenmeter aufwärts. Oben ausgestiegen ist die Bergschau wirklich nicht zu verachten. Wir blicken weit hinunter in das Ehrwalder Becken, während uns in nördlicher Richtung die steilen und unwirtlichen Felswände der Zugspitze alles versperren. Ein imposanter Anblick. Dann wandern wir von der Bergstation am großen Tirolerhaus zum kleinen Almweg hinunter. Nur wenige Meter

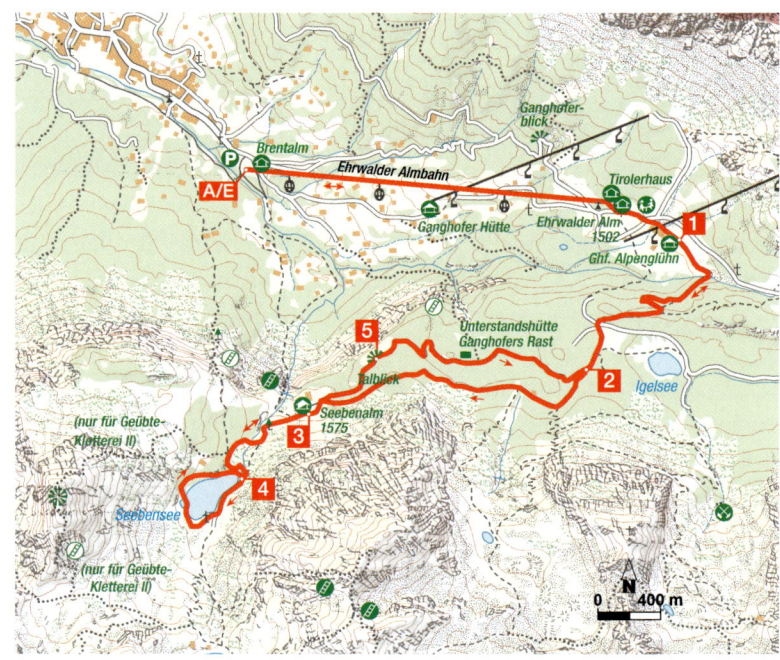

Zum Seebensee

rechts von uns liegt der Berggasthof Ehrwalder Alm, den wir uns für die Rückkehr vormerken können. Wir folgen nun links dem breiten, gemächlich ansteigenden Wanderweg. Die Seebenalm und der gleichnamige See sind bereits angeschrieben. Vorbei am ❶ **Gasthof Alpenglühn** steigt unser Almsträßchen über drei Serpentinen etwas steiler an, es wird jedoch nie ungemütlich.

Immer mehr hingegen vergößert sich die Aussicht. Je weiter wir uns vom riesigen Block der Zugspitze entfernen, umso besser erkennt man ihren felsigen Gipfelaufbau.

Malerisch schillert der Seebensee in allen Grüntönen.

Panoramawege   Die beiden Abzweigungen ins Gaistal lassen wir unberücksichtigt. Dieses hoch gelegene Bergtal verbindet Ehrwald mit Leutasch und Scharnitz. Außerdem trennt es die Mieminger Bergkette mit dem Hochplattig vom Wettersteinmassiv mit der Zugspitze. Das Tal ist vor allem bei Mountainbikern beliebt, die die Zugspitze auf zwei Rädern umrunden. Kaum haben wir die Höhe erreicht, wird der Weg schon wieder eben und führt durch einen herrlichen lichten Bergwald. Nach einem kurzen Stück folgt eine ❷ **Abzweigung**; hier zweigt links von der Straße ein schmaler Wanderweg zur Seebenalm ab. Er ist natürlich viel schöner und abwechslungsreicher als das Almsträßchen, und so wählen wir ihn. Im leichten Auf und Ab führt er

Von seiner Südseite blickt man auf das Zugspitzmassiv.

uns nach Westen. Nach einem erneuten kleinen Anstieg lichtet sich schließlich der Wald und wir blicken das erste Mal nach Süden. Etwas tiefer liegt die Seebenalm und dahinter ragt die Sonnenspitze auf.

Über die Alm zum See Jetzt wissen wir: Unser Ziel ist nicht mehr weit. Zunächst leicht bergab und wieder etwas aufwärts erreichen wir die ❸ **Seebenalm**. Hier müssen wir unsere Kräfte noch einmal motivieren, um vor allem dem Duft des Apfelstrudels zu widerstehen. Denn wer sich jetzt schon zu einer Einkehr niederlässt, wird sich kaum mehr aufraffen. Aber zum Seebensee sind es nur noch 20 Minuten. Dafür folgen wir einfach dem Almsträßchen weiter bergauf, und nach ein paar Kurven haben wir es wirklich geschafft. Direkt vor uns duckt sich der ❹ **Seebensee** unter den Felswänden des Tajakopfes, des Drachenkopfes und der Sonnenspitze. Was für ein Anblick! Da fehlen uns die Worte. Schon verfliegt jede Wandermuffigkeit und mit Elan umrunden wir den See. Vom südlichen Ende haben wir dann den schönsten Blick hinüber zur Zugspitze, die sich durch die Spiegelung des Wassers gleich doppelt zeigt. Wenige Schritte vom Ufer entfernt liegt auch die Talstation der Materialseilbahn der Coburger Hütte. Diese ist Ausgangspunkt für viele Touren in den Mieminger Bergen. Da überlegen wir doch glatt, ein zweites Mal zu kommen. Für heute ist es aber genug und wir vollenden die Umrundung und steigen dann wieder abwärts zur ❸ **Seebenalm**.

Rast an der Seebenalm Jetzt ist Zeit, sich etwas Kulinarisches zu gönnen, liegt doch noch der lange Rückweg vor uns. Auf der sonnigen Terrasse ist hoffentlich ein Plätzchen frei und die Warteschlange an der Selbstbedienung kurz. Es gibt deftige Tiroler Küche wie Kaspressknödel mit Kraut, Linseneintopf und Erbsensuppen. Die Kuchen sind alle hausgemacht und mehr als nur lecker.

Rückweg Mit neuer Energie versorgt machen wir uns auf den Rückweg. Wer mag, folgt nun zur Abwechslung dem Almsträßchen. Dies steigt zu Beginn etwas an. Dann können wir links einen kurzen Abstecher zu einem kleinen ❺ **Aussichtsbalkon** unternehmen.

Der Ehrwalder Kessel

Der Ehrwalder Kessel, den wir so schön von der Bergstation der Ehrwalder Almbahn sehen, war einst ein See, der nach Norden hin Richtung Garmisch durchgebrochen ist. Das Wasser ist inzwischen abgelaufen und der Seegrund durch Kanäle entwässert. Der letzte Rest des Sees findet sich noch bei Biberwier als Hochmoor und wurde zum Naturschutzgebiet erklärt.

Von dort genießen wir einen tollen Blick hinunter zum Ehrwalder Becken, über dem die Tannheimer Berge aufragen. Jetzt wandern wir in östlicher Richtung wieder durch den Bergwald und erreichen bald unseren bekannten Hinweg. Nun nur noch über die Kurven bergab und schon sehen wir vor uns auf den Almwiesen wieder die Bergstation der Ehrwalder Almbahn. Diese ist in wenigen Minuten erreicht und dann heißt es entspannen. Wir schweben bergab zum ❺ **Parkplatz** und können am Ende des Tages stolz von uns behaupten, dass wir im tiefsten Herzen eigentlich keine Wandermuffel sind.

Rastplätzchen gibt es um den Seebensee genügend.

5 Am Wank
Rundweg am Garmisch-Partenkirchner Sonnenberg

leicht | 0.45 Std. | 90 Hm | 1,9 km

Tourencharakter
Einfache, breite Wege zum Wankhaus und um den Ameisenberg

Ausgangs-/Endpunkt
Parkplatz an der Wankbahn-Talstation

GPS-Daten
47.5075, 11.144722

Anfahrt
Auto: Von München über die A 95 bis nach Garmisch-Partenkirchen. Bus/Bahn: Von München mit der Bahn nach Garmisch-Partenkirchen und mit dem Bus zur Wankbahn

Einkehr
Wankhaus (DAV); Restaurant an Seilbahnbergstation

Karte
Kompass-Wanderkarte 5, Werdenfelser Land, 1:50 000

Information
www.gapa.de

Der Wank ist der Sonnenberg Garmisch-Partenkirchens. Er ist mit einer Seilbahn erschlossen und lädt im Gipfelbereich zu aussichtsreichen Rundwegen ein. Nirgendwo präsentiert sich das Wettersteingebirge so schön wie von hier oben.

Schnell erreicht Von der Ⓐ **Wankbahn-Talstation** schweben wir mit der Wankbahn von Garmisch-Partenkirchen zur Bergstation und spazieren in wenigen Minuten zum ❶ **Wankhaus** und zum goldenen Gipfelkreuz auf dem Wank. Hier genießen wir erst einmal die Aussicht, bevor wir es uns auf der Terrasse oder bei den Liegen gemütlich machen. Die Hütte bietet sich natürlich auch für eine Einkehr wunderbar an. Gleiches gilt für die Terrasse des Seilbahnrestaurants. Vielleicht möchten wir aber vorher doch noch ein paar Schritte wandern? Hierfür gibt es einen herrlichen Rundweg im Gipfelbereich des Wank.

Liegestühle vor dem Wankhaus warten frühmorgens auf Besucher

Vom Höhenweg am Wank blickt man ins Herz des Estergebirges.

Schöner Rundweg Es muss nicht immer die große Bergtour sein. Der Gipfelbereich bietet sich für eine wirklich aussichtsreiche Rundtour an. Von der Bergstation wandern wir in östlicher Richtung bis zum Rosswank. Hier können wir einen grandiosen Blick auf das Wettersteingebirge bewundern. Aber auch das wilde Karwendelgebirge präsentiert sich von hier oben gewaltig. Beeindruckend ist auch der Tiefblick hinunter auf Garmisch-Partenkirchen. Bei diesem Ausblick können wir verstehen, warum der Wank gerade im Sommer zu einem der beliebtesten Gipfel in der Region zählt. Die Panorama-Rundtour bringt uns zurück zur Bergstation und weiter hinauf zum Gipfel und dem Wankhaus. Nun wandern wir noch ein Stück weiter in nordwestlicher Richtung und drehen eine Runde über den aussichtsreichen Ameisenberg. Bald schon kommen wir wieder zurück zum Gipfel und seiner Gipfelhütte. Jetzt haben wir uns

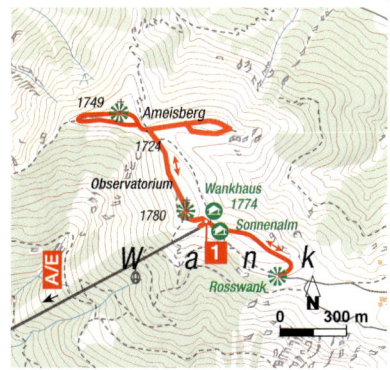

die Einkehr aber wirklich verdient, haben doch unsere Augen und Herzen jede Menge aufgenommen. Und das macht Hunger. Wir lassen uns ein erfrischendes Getränk an einem der Liegeplätze schmecken und genießen noch einmal den traumhaften Ausblick aus den aufgestellten Naturkinosesseln. Wir fühlen uns tatsächlich wie in einem Kino, während die Landschaft vor uns ihren grandiosen Film abspielt.

Mein Tipp nach der Tour

Im Estergebirge unterhalb des Hohen Fricken befinden sich die Kuhfluchtwasserfälle. Diese sind von Farchant – etwas nördlich von Garmisch-Partenkirchen – aus gut zu erreichen. Zu den Wasserfällen wandern wir auf dem breiten Spazierweg in einer halben Stunde hinauf.

Abstiegsvarianten Der Weg zum Wank ist ziemlich lang. Daher möchten wir diesen hier nicht als Aufstieg empfehlen. Bergab ist es zwar auch noch weit, aber es läuft sich schon viel einfacher. Hierfür bieten sich zwei Varianten an. Einerseits der direkte Anstieg über den steilen Südhang zur unbewirtschafteten Eckenhütte und weiter zum Hochseilgarten und zur ❺ **Wankbahn-Talstation**. Gerade dieser Abstiegsweg bietet eine prächtige Aussicht auf das Wettersteingebirge.

Über den Nordrücken Der Abstieg über die Nordseite ist etwas weiter und wegen der Straße nicht so abwechslungsreich. Dabei empfehlen wir den etwas weiteren Weg über die Esterbergalm. Wir wandern auf dem Höhenweg zum Rosswank und steigen dann hinunter zu einer Wegteilung. Hier gehen wir nach links zur bewirtschafteten Alm. Auf der schönen Terrasse lohnt sich eine gemütliche Einkehr.

Anschließend wandern wir flach zum Sattel zwischen Hohem Fricken und Wank. Ab hier zieht nun die teilweise geteerte Straße hinunter zur kleinen Daxkapelle, an der wir erst einmal verschnaufen. Von der Kapelle geht es weiter zum Hochseilgarten und in wenigen Minuten zur ❺ **Wankbahn-Talstation**.

Für richtige »Wandermuffel« sind die beiden Abstiege allerdings nicht geeignet. Sie sind dafür entweder zu lang oder zu steil. Dann empfiehlt sich der knieschonende »Abstieg« mit den Gondeln der Wankbahn ins Tal. Dafür haben wir dann mehr Zeit für das Gipfelpanorama.

Linke Seite: Das hohe Gipfelkreuz auf dem Wank

6 Über den Eckbauer
Panoramablick vor dem Wettersteingebirge

leicht · 2.30 Std. · 550 Hm · 6,4 km

Tourencharakter
Einfacher, breiter Weg

Ausgangs-/Endpunkt
Parkplatz der Eckbauerbahn

GPS-Daten
47.466667, 11.136389

Anfahrt
Auto: Von München über die A 95 nach Garmisch-Partenkirchen. Bus/Bahn: Mit der Bahn nach Garmisch-Partenkirchen und dem Bus zur Eckbauerbahn

Einkehr
Berggasthof Eckbauer; Berggasthof Wamberg für Variante

Karte
Kompass-Wanderkarte 5, Werdenfelser Land, 1:50 000

Information
www.gapa.de

Der Eckbauer ist ein dem Wetterstein vorgelagerter Bergrücken und bietet ein weites Panorama. Besonders eindrucksvoll ist der Aufstieg durch die Partnachklamm und übers Graseck. Oder man schwebt gemütlich mit der Seilbahn hinauf.

Durch die Partnachklamm Die Wanderung durch die Partnachklamm zum Berggasthof Eckbauer startet am Ⓐ **Parkplatz des Olympia-Skistadions**. Zunächst spazieren wir auf der Straße in Richtung Partnachklamm, dem ersten Etappenziel dieser Tour. Die Partnach überqueren wir in der Wildenau und stehen schon bald am ❶ **Klamm-Eingang**, wo wir unser Eintrittsgeld bezahlen. Da man beim Durchqueren der Klamm immer recht nass wird, empfiehlt es sich, Regenkleidung mitzunehmen. Den Weg durch die Klamm hat man hier in die Felsen gesprengt. Durch Galerien und Tunnel spazieren wir immer nah am tosenden und

Toller Ausblick auf Garmisch-Partenkirchen mit dem Kramer

rauschenden Wasser vorbei. Ziemlich eng ist die märchenhafte Klamm, eindrucksvoll der Steig. Immer wieder versuchen wir, diese einzigartige Stimmung auf unsere Fotokamera zu bannen. Doch viel zu früh kommen wir am Ende der Partnachklamm an. Noch ein kurzes Stück wandern wir am Bach entlang, bis wir nach links abbiegen. Immer wieder stellen sich uns Treppen in den Weg. Da heißt es, schweißtreibend in Richtung Graseck und Eckbauer hinaufzusteigen. Die Wettersteinalm lassen wir hinter uns liegen und kommen endlich zum ❷ **Forsthaus Graseck**. Die gemütliche Rundtour wartet mit mehreren Einkehrmöglichkeiten auf. Das Forsthaus wurde 2014 umfassend renoviert und ist heute mehr ein Lifestylehotel. Deshalb wandern wir weiter. Durch wunderschöne Wiesenhänge geht es nach rechts hinauf. Der breite Weg mündet in den Wald und schlängelt sich in vielen Kehren hinauf zum ❸ **Eckbauer** und seinem gleichnamigen Berggasthof, auf dessen Terrasse wir unbedingt einkehren wollen. Auf der Speisekarte finden sich Leckereien wie Gulaschsuppe, Germknödel,

> ### Mein Extratipp
>
> Es gibt noch eine zweite eindrucksvolle Klamm bei Garmisch-Partenkirchen, die Höllentalklamm. Der Weg durch diese Klamm ist mindestens genauso beeindruckend wie durch die Partnachklamm. An ihrem Ende befindet sich mit der Höllentalangerhütte ebenfalls eine beliebte Einkehrmöglichkeit.

Beim Eckbauer, im Hintergrund das Wettersteingebirge

Rechte Seite: In der eindrucksvollen Partnachklamm

Bayerischer Wurstsalat oder Apfelstrudel. Aber die beste Zutat ist einfach die Landschaft.

An Wochenenden mit schönem Wetter wird der Eckbauer sehr gerne besucht. Ist einem der Gasthof zu voll, kann man auch wunderbar auf den umliegenden Wiesen rasten und das grandiose Panorama bewundern. Vor allem die Alpspitze mit ihrer eindrucksvollen Form begeistert.

Haben wir die Aussicht in ausreichendem Maß bewundert, schaukeln wir gemütlich mit den Gondeln der Eckbauerbahn ins Tal und sind bald am ❺ **Parkplatz**.

Hinauf per Seilbahn   Wer es ganz gemütlich will, kann natürlich mit der Seilbahn vom Olympia-Skistadion zum ❸ **Eckbauer** fahren und ohne große körperliche Mühen das Wettersteinpanorama genießen. Aber auch als knieschonende Abstiegsmöglichkeit ist die Seilbahn sehr willkommen.

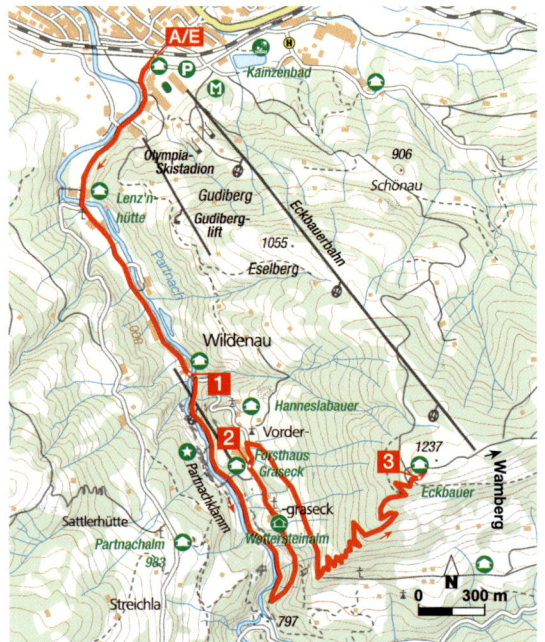

Zum Wamberg   Ist noch genug Puste und Laune für den Abstieg übrig, besuchen wir das malerische Dörfchen Wamberg. Aussichtsreich spazieren wir über den Rücken des Eckbauers in Richtung Nordosten. Hier erreichen wir einen weiteren Aussichtspunkt, an dem Holzbänke zum Verweilen einladen. Jetzt machen wir uns über den Fahrweg an den Abstieg nach Norden hinab. Das urige Dörfchen Wamberg (996 m) ist das höchste Kirchdorf Deutschlands. Besonders sehenswert ist die 1721 erbaute Kirche. Im Gasthof in Wamberg lockt ein kühles Bier oder etwas Alkoholfreies, denn man hat ja sicher Durst nach dem Weg vom Eckbauer herüber. Außerdem ist es hier doch angenehm ruhig und beschaulich. Deshalb gönnen wir uns eine etwas längere Rast. Der Rückweg verläuft über den schmalen und steilen Fahrweg bis zum Kainzenbad hinab. Von hier ist es nicht mehr weit zurück zum ❺ **Parkplatz beim Olympia-Skistadion** von Garmisch-Partenkirchen.

7 Auf den Herzogstand
Aussichtsgipfel mit Seilbahn und Berggasthaus

leicht — 1.30 Std. — 220 Hm — 3,5 km

Tourencharakter
Guter, einfacher Wanderweg

Ausgangs-/Endpunkt
Parkplatz der Herzogstandbahn

GPS-Daten
47.606667, 11.316111

Anfahrt
Auto: Von München über die A95 in Richtung Garmisch-Partenkirchen bis zur Abfahrt Kochel und über den Kesselberg nach Walchensee. Bus/Bahn: Mit der Bahn nach Kochel und dem Bus nach Walchensee

Einkehr
Berggasthaus Herzogstand

Karte
Kompass-Wanderkarte 5, Werdenfelser Land, 1:50 000

Information
www.walchensee.de

Der Herzogstand ist einer der schönsten Aussichtsgipfel in den Bayerischen Voralpen. Schnell ist der Gipfel von der Bergstation der Herzogstandbahn erreicht. Von oben genießen wir einen traumhaften Blick auf das Alpenvorland mit seinen Seen.

Schnell erreicht Vom **A Parkplatz der Herzogstandbahn** nutzen wir die Bahn und stehen von der Bergstation aus ganz schnell am nahen **1 Herzogstandhaus**. So kann jeder, der will, die wunderbare Aussicht hier oben in den Bayerischen Voralpen genießen. Selbst wer keine größeren Ambitionen hegt, ist an der Hütte bestens aufgehoben.

Aber auch der Weg zum **2 Herzogstand**, einem der schönsten Aussichtsgipfel Bayerns, ist nicht weit und wirklich sehr lohnenswert. Der gute Steig führt durch Latschengassen hinauf zum Kreuz und zum Aussichtspavillon. Selbst König Ludwig II. entdeckte die Schönheit der Gegend. Der erste Bau der Herzogstandhäuser geht auf seine Initiative zurück. Das Haus steht allerdings nicht mehr, da es im Jahre 1990 einem Brand zum Opfer fiel.

Der Märchenkönig Ludwig II. ließ noch auf weiteren umliegenden Gipfeln Pavillons erbauen, leider steht auch davon keiner mehr. Sie wurden Opfer von Blitzeinschlägen. Geblieben ist die fantastische Aussicht, die über das Karwendelgebirge bis in die Zentralalpen reicht.

Herrlich grüßt das Wettersteingebirge mit der mächtigen Zugspitze herüber. Aber auch nach Norden ins Alpenvorland ist die

Der Pavillon auf dem Herzogstand

Sicht beeindruckend. Vor allem der Tiefblick zu Kochel- und Walchensee begeistert uns.

Gemütlich machen Auch wenn der Heimgarten verlockend nah aussieht, so lassen wir doch lieber die Finger vom Gratübergang. Dieser Weg ist an vielen Stellen ziemlich schmal und ausgesetzt, wenn auch versichert. Zudem zieht er sich ganz schön in die Länge. Das wird uns dann doch schnell zu weit. Wir legen uns stattdessen lieber in die Sonne und genießen die Natur vom Herzogstandgipfel aus. Spannend ist es auch, die Bergdohlen segelnd im Wind zu beobachten oder wenn sie wieder einen Wanderer um seine Brotzeit anbetteln.

Irgendwann heißt es Abschied nehmen vom Gipfelkreuz. Gemütlich steigen wir durch die Latschengassen zurück zum großen Berggasthof, in dem man sogar übernachten kann. Auf der sonnigen Terrasse genießen wir ein kühles Radler. Es sind ja nur ein paar Minuten bis zur Bergstation. Daher können wir uns mit der Rückkehr zur **E Talstation** Zeit lassen und ausgiebig die gute Bergluft genießen.

> **Mein Tipp für nach der Tour**
>
> Am Walchensee gibt es das Wikingerdorf Flake, das als Kulisse von Michael »Bully« Herbigs Film »Wickie und die starken Männer« diente und noch heute besichtigt werden kann. Vor allem für Familien mit Kindern sehr zu empfehlen.

Über den Dächern von
Mittenwald erhebt sich mächtig
das Karwendelmassiv.

8 Auf den Krepelschrofen
Wanderberg mit Verlängerung

leicht | 2 Std. | 300 Hm | 7,3 km

Tourencharakter
Einfache und kurze Bergwanderung mit viel Schatten auf Bergwegen und Pfaden. Der Krepelschrofen ist ein Südhang und somit schnell schneefrei, sodass er eigentlich das ganze Jahr über begehbar ist. Verlängerung in Kombination mit Talwanderung zur Auhütte möglich (zusätzlich 3 km).

Ausgangs-/Endpunkt
Wallgau, Parkplatz am Ende der Isarstraße, alternativ: Dorfkirche

GPS-Daten
45.519173, 11.295176

Anfahrt
Auto: Auf der A 95 und B 2 über Garmisch-Partenkirchen nach Krün und links auf der B 11 nach Wallgau, dort rechts in die Isarstraße zum Parkplatz am Ende der Straße fahren. Bus/Bahn: Mit der Bahn nach Garmisch-Partenkirchen oder Kochel am See, dann weiter mit Bussen nach Wallgau

Einkehr
In Wallgau mehrere Gasthäuser; Auhütte

Karte
Kompass-Wanderkarte 6, Walchensee, Wallgau, Krün, 1:50 000

Information
www.wallgau.de

Jetzt gibt es keine Ausrede mehr. Fast das ganze Jahr über können wir zum Krepelschrofen starten. Ein niedriger, aber doch wunderbarer Aussichtsberg, der in gerade einmal einer Stunde ab dem Tal erreichbar ist.

Auf den Krepelschrofen   Da diese Tour wirklich nicht sehr lange dauert, bleibt noch genug Spielraum für eine kleine, aber feine Verlängerung am Ende der Runde. Eine gute Möglichkeit, um vom Wandermuffel zum begeisterten Marschierer zu mutieren.

Wir beginnen unseren Weg am ❹ **Wanderparkplatz** an der Isar, gehen die Isarstraße zurück und biegen rechts in die Flößerstraße ein. Nach dem Weg »Am Kurpark« nehmen wir links die Soiernstraße und erreichen die Ortsdurchgangsstraße, die B 11, am ❶ **Wallgauer Dorfplatz**. Wir queren die B 11, wandern an der Rückseite des Gasthofes Isartal vorbei und folgen sofort rechts dem Wegweiser »Krepelschrofen«. Die Straße macht nur einen Haken und führt dann parallel zum Hang westlich aus dem Dorf. Nach etwa 500 Metern endet die geteerte Straße am ❷ **Waldrand**. Wir biegen rechts auf den Bergpfad ab und wandern durch den lichten Bergwald aufwärts. Wir sind nun auf dem Magdalena-Neuner-Panoramaweg unterwegs. Die Olympiasiegerin im Biathlon stammt aus Wallgau und stand Pate für diesen herrlichen und aussichtsreichen Themenweg.

In weiten Zickzackschleifen führt der Weg bergan. Er ist nicht zu verfehlen; wo es Zweifel gibt, führen uns Wegweiser.

Gipfelschau   So erreichen wir den ❸ **Krepelschrofen** nach gerade einmal einer Stunde Gehzeit. Der Gipfel selbst, das geben wir gerne zu, ist nicht besonders spektakulär. Er ist nur ein Buckel am großen Berghang, der von einem Kreuz markiert wird. Spektakulär ist jedoch die Aussicht. Links schauen wir ins Isartal hinein und sehen allerdings mehr Geröll als einen glänzenden

Mit dem Zusatzprogramm zur Auhütte erleben wir die Isarauen in ihrer ganzen Pracht.

Wasserlauf. Der Grund ist ganz einfach. Beim Bau des Walchenseekraftwerkes hat man der Isar etwas oberhalb von Krün das meiste Wasser abgezapft. In einem Kanal wird es nach Wallgau geführt und von dort unterirdisch in den Walchensee geleitet. Ähnlich erging es dem Rissbach, der ebenfalls in den Walchensee umgeleitet wurde und deshalb nicht mehr in die Isar fließt. Nur dadurch erhält der Walchensee ausreichend Wasser für das große Kraftwerk.

Auf der anderen Seite der Isar erhebt sich die Soierngruppe, die bereits zum Karwendel gerechnet wird. Sie war einst ein beliebtes Jagdgebiet der Wittelsbacher. Weiter im Süden ragen die Felswände des Hochkarwendels in den Himmel. Zur Westlichen Karwendelspitze bringt die Karwendelseilbahn von Mittenwald wahre Scharen von Besuchern, die Tiefkarspitze und der Wörner dagegen bleiben nur erfahrenen Kletterern vorbehalten. Dann schauen wir nochmals auf das Isartal, jetzt flussaufwärts über Mittenwald zur Enge von Scharnitz. Die Große Ahrnspitze leitet uns schließlich in das Wettersteingebirge mit dem krönenden Höhepunkt Zugspitze auf der rechten Seite.

Mein Besichtigungstipp

Die Lüftlmalerei (18. Jh.) am alten Hotel Post ist sehr sehenswert und stammt von Franz Karner aus Mittenwald, der dort z. B. das heutige Geigenbaumuseum oder das Hoglhaus im Malerweg freskiert hat. Damals war es Mode geworden, seinen Reichtum auf diese Weise zur Schau zu stellen.

Übrigens, wer rasten oder Brotzeit machen will, tut das bequem ein paar Meter unterhalb des Gipfels. Dort steht eine kleine Unterstandshütte, die man aber vom Gipfelkreuz aus kaum sieht.

Zurück nach Wallgau Zum Abstieg gehen wir zunächst ein Stück auf dem gleichen Weg zurück und wählen dann die erste ❹ **Abzweigung** nach links. Dieser Weg führt am Hang entlang abwärts zum Wallgauer Panoramaweg, auf dem wir nach rechts auf den Dorfplatz zurückkehren. Auf dem schon bekannten Weg kehren wir zum ❺ **Parkplatz** zurück, an dem die nächste Runde beginnen kann.

In die Verlängerung Versprochen – die Wanderungserweiterung bis zur Auhütte verläuft fast völlig eben und unkompliziert. Das Einzige, was wir vorher recherchieren müssen, ist, ob die Auhütte (siehe Kasten) auch wirklich geöffnet hat. Denn das ist nicht immer der Fall. Wenn ja, geht es vom Parkplatz geradeaus zur Isar, die wir schnurstracks auf dem kleinen ❺ **Isarsteg** queren. An der anderen Seite wenden wir uns nach links und schon sind wir mitten in den Isarauen unterwegs.

Die Auhütte

Die Auhütte nah bei Wallgau am Isarhochufer ist nur in der Vor- und Nachsaison bewirtschaftet. Die beiden Hüttenwirte ziehen im Hochsommer mit ihren Tieren und dem Brotbackofen hinauf auf die 1400 Meter hoch gelegene Fischbachalm (auf halbem Weg zum Soiernhaus). Mit dabei sind auch die beiden Hausschweine, einige Kälber und Pferde. Im Herbst ziehen alle zur Auhütte wieder um.

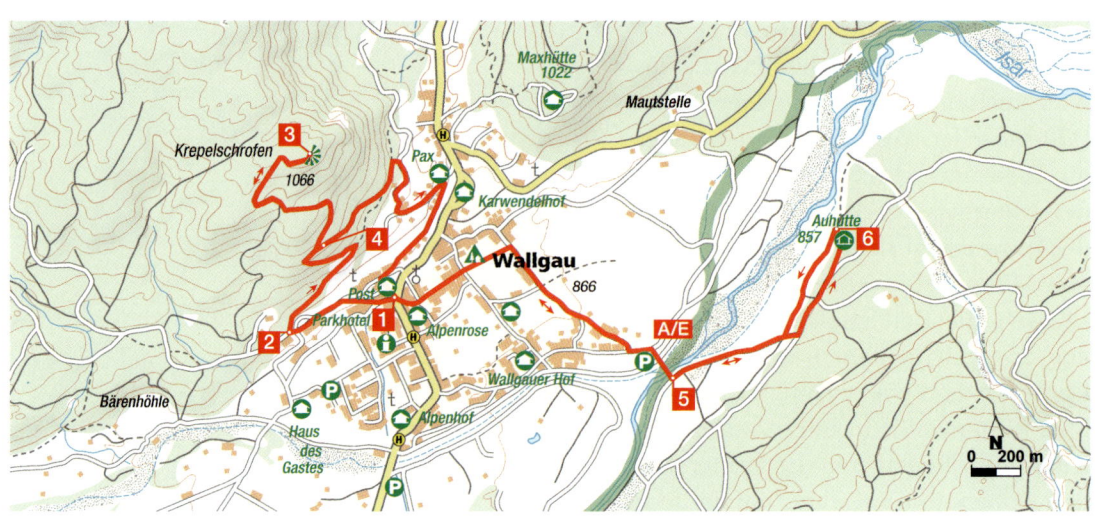

Auf den Krepelschrofen

Die Isarauen zeichnen sich durch ihr einzigartiges, aber auch empfindliches Ökosystem aus. Auf den mageren Kiesböden wächst eine Vielzahl seltener Blumen. Im Frühsommer sehen wir dort große Teppiche mit Schusternagerln und Enzianen, eine farbenbunte Pracht, die man auf dem steinigen Untergrund so gar nicht vermuten würde. Es ist aber ratsam und sehr wichtig, dass wir auf den Wanderwegen bzw. Trampelpfaden bleiben. Denn nicht nur die Flora ist schützenswert. Auf den sich schnell durch die Sonne erwärmenden Steinböden brüten auch zahlreiche, mitunter seltene Vögel, wie der Flussregenpfeifer und Flussuferläufer. Hunde gehören hier an die Leine, damit sich die werdenden Vogeleltern nicht zu weit vom Gehege entfernen. Das gesamte Gebiet steht unter Naturschutz und darauf achten wir natürlich auch. Schnell erreichen wir das alte Hochufer, auf das wir hinaufsteigen. Dort treffen wir auf einen größeren Forstweg, der uns nach links zur ❻ **Auhütte** bringt. Sie thront im sicheren Abstand und etwas erhöht über der Isar, denn diese kann in Hochwasserzeiten zu einem reißenden und gefährlichen Wildfluss anschwellen. Aber jetzt ist Zeit, um einzukehren und uns selbst etwas zu verwöhnen. Es gibt leckere Kuchen, aber auch kleine Gerichte und Brotzeiten.

An der gemütlichen Auhütte können wir die Wanderung ausklingen lassen.

Nach dem Essen sollst du ruhn ... oder tausend Schritte tun. Diesen alten Spruch können wir nun beherzigen. Entweder suchen wir uns nun ein feines und ruhiges Rastplätzchen an der Isar oder hinter der Auhütte unter den knorrigen Kiefern. Oder wir machen uns auf den Rückweg. Für das letzte Wegstück steigen wir von der Auhütte zum Wanderweg hinunter, der etwas tiefer und in Flussnähe verläuft. Diesem folgen wir nun nach links, bald wieder auf bekanntem Weg zurück zum ❺ **Isarsteg** und somit auch zurück zu unserem Ⓔ **Wanderparkplatz**.

9 Über den Hohen Kranzberg
Gemütliche Wanderung über Mittenwald

leicht   2.45 Std.   ↑200 Hm ↓450 Hm   8,2 km

Tourencharakter
Einfache, gut zu begehende Wanderwege

Ausgangs-/Endpunkt
Parkplatz am Kranzberglift

GPS-Daten
47.450556, 11.239444

Anfahrt
Auto: Von München über die A 95 bis nach Garmisch-Partenkirchen und weiter nach Mittenwald. Bus/Bahn: Von München mit der Bahn nach Mittenwald

Einkehr
Gaststätte St. Anton; Kranzberghaus; Gasthaus Ferchensee

Karte
Kompass-Wanderkarte 5, Werdenfelser Land, 1:50 000

Information
www.alpenwelt-karwendel.de

Der Hohe Kranzberg liegt oberhalb von Mittenwald. Mit dem nostalgischen Sessellift schweben wir bergauf. Dann ist es nicht mehr weit bis zum Gipfel mit dem Berggasthaus. Beim Abstieg können wir den idyllischen Ferchensee besuchen.

Der Hohe Kranzberg   Wir starten am **A Parkplatz des Kranzbergliftes**, nutzen den Lift und gehen von der Bergstation an der Gaststätte St. Anton vorbei in Richtung Gipfel. Der gut ausgeschilderte Weg führt teilweise recht steil zum **1 Kranzberghaus**. Von hier sind es nur ein paar Minuten zum Wiesengipfel des Hohen Kranzbergs mit seiner kleinen Unterstandshütte. Der Gipfel bietet wirklich eine grandiose Aussicht. Im Norden beginnt die Gipfelschau links mit dem Estergebirge und zieht über Herzogstand, Jochberg und Benediktenwand zur Soierngruppe im

Wanderwegweiser am Hohen Kranzberg gen Soierngruppe

Über den Hohen Kranzberg

Idyllischer Ferchensee mit Blick zum Karwendelgebirge

Nordosten. Im Osten und im Süden dominiert das Karwendel. Angefangen vom Wörner über die Tiefkarspitze zur Karwendelspitze und den Gipfeln des Mittenwalder Höhenwegs. Besonders eindrucksvoll ist im Süden die Aussicht auf das Wettersteingebirge mit Unterer und Oberer Wettersteinspitze und der Alpspitze im Südwesten.

Mein Extratipp

Beim Gasthaus St. Anton befindet sich ein Barfußwanderweg mit einer Länge von 1,6 Kilometern, der sich immer größerer Beliebtheit erfreut. Bereits 2006 wurde der Wanderweg eröffnet. Er ist von Mai bis Oktober geöffnet.

Zum Ferchensee Nachdem wir die Aussicht bewundert haben, können wir noch gemütlich im Kranzberghaus einkehren und Hunger und Durst stillen. Anschließend wandern wir auf guten Wegen über die Wiesen in Richtung Süden. Der Weg taucht bald in den Wald ein und bringt uns steil bergab. Wir überqueren eine kleine Lichtung mit einer

Das Kranzberghaus lädt zur Einkehr ein.

Bank. Hier bietet sich nochmals ein schöner Blick auf die Wettersteinwand. Es geht weiter abwärts bis zu einer Forststraße. Wenn wir nach rechts blicken, sehen wir zwischen den Bäumen die Alpspitze durchschimmern. Hier nehmen wir gleich wieder den linken Weg, der bald nach Süden abdreht und bergab führt. Der Weg wendet sich nach rechts, und wir spazieren auf einer längeren Querung an einigen schönen Bänken vorbei, bis der Weg zum ❷ **Ferchensee** hinabzieht. Wir gehen rechts am Gasthaus vorbei und entlang des rechten Ufers zum Südufer unter den Ferchenseewänden. Vor allem das westliche Ufer lädt zu einer kleinen Pause ein, aber natürlich können wir auch im Gasthaus einkehren und es uns auf der

Uferterrasse gemütlich machen. Über dem idyllischen See erhebt sich im Süden die Wettersteinwand und vor allem im Osten das mächtige Karwendelgebirge. Eigentlich gibt es noch einen schönen Wanderweg über den Grünkopf zum Gasthof Ederkanzel. Allerdings ist dieser Weg insgesamt dann doch recht lang, sodass wir die Ederkanzel bei einer anderen Tour in diesem Buch vorschlagen werden. Richtigen Wandermuffeln reicht schon der Hohe Kranzberg, auch wenn der Abstieg zum Ferchensee wirklich wunderschön ist – und es geht ja eigentlich nur bergab.

Über den Hohen Kranzberg

Nach der Pause wandern wir auf der Straße weiter zum ❸ **Lautersee**. An heißen Sommertagen werden wir die Gelegenheit nutzen und ein kühles Bad in dem Gebirgssee nehmen. Die Abkühlung kommt dann wie gerufen. Vom Lautersee spazieren wir auf dem ziemlich ebenen Höhenweg zurück zur ❺ **Kranzberglift-Talstation**.

Mountaincarts   Action für Jung und Alt verspricht die Homepage der Alpenwelt Karwendel. Von der Bergstation des Kranzbergliftes kann man mit Mountaincarts (Leihgebühr 7 Euro) auf der 1,7 Kilometer langen Strecke ins Tal sausen.

Ohne Sesselbahn   Man kann auch ohne Sesselbahn den Kranzberg erreichen. Hierzu wandert man auf guten Bergwegen in 50 Minuten zur Bergstation des Sesselliftes beim Gasthaus St. Anton.

Sonniges Wandergebiet am Kranzberg vor der dunklen Wettersteinwand

10 Ederkanzel und Grünkopf

Berggasthof in Aussichtslage

leicht | 1.30 Std. | 250 Hm | 3,5 km

Tourencharakter
Einfache, gemütliche Wanderwege zum Berggasthof; schmalere und steilere Steige zum Grünkopf

Ausgangs-/Endpunkt
Mittenwald, Leutascher Straße an der Schießstätte

GPS-Daten
47.435278, 11.255833

Anfahrt
Auto: Auf der Autobahn A 95 Richtung Süden bis zum Ende und weiter auf der B 2 über Garmisch-Partenkirchen nach Mittenwald. Bus/Bahn: Mit der Bahn nach Mittenwald und weiter zu Fuß zum Ausgangspunkt

Einkehr
Berggasthof Ederkanzel; Gasthaus Ferchensee

Karte
Kompass-Wanderkarte 5, Werdenfelser Land, 1:50000

Information
www.alpenwelt-karwendel.de

Der Berggasthof Ederkanzel hoch über Mittenwald bietet einen Ausblick über mehrere Täler. Besonders beeindruckend ist der Blick hinüber zum Karwendelgebirge. Der Anstieg über den Lautersee ist kurz und einfach.

Über den Waldlehrpfad   Ein schöner Weg führt von der Ⓐ **Leutascher Straße** über die Schießstätte und den Waldlehrpfad bergauf zum ❶ **Berggasthof Ederkanzel**. Man wandert dabei auf einem schönen Weg an der schattigen Nordseite des Burgbergs empor. Fast zu schnell stehen wir schon hier oben. Es ist aber so schön, dass wir uns auf der Terrasse niederlassen und die wunderbare Aussicht genießen. Neben dem Karwendelblick fasziniert uns auch der Blick hinunter ins Tal nach Scharnitz und in die benachbarte Leutasch.

Über die Lauterseestraße
Eine zweite Möglichkeit ist über die Lauterseestraße hochzugehen. Von Mittenwald wandern wir auf dem breiten Weg zum Lautersee. Von hier folgen wir der Straße hinauf zum Berggasthof Ederkanzel. Man kann beide Wege auch kombinieren.

Abkühlung im Lautersee   Nach der Einkehr wandern wir auf der Lauterseestraße hinunter zum Lautersee. Gerade an heißen Sommertagen bietet sich ein Sprung in den kühlen See an. Ohne weitere Schwierigkeiten spazieren wir danach zurück nach Ⓔ **Mittenwald** und zur Leutascher Straße oder zum Bahnhof.

Der Grünkopf   Etwas oberhalb des Berggasthofes Ederkanzel erhebt sich der Grünkopf. Ein schmaler, teilweise ziemlich steiler

Rast auf dem Grünkopf

Steig führt entlang der Grenze zwischen Bayern und Tirol hinauf zum Gipfel mit seinem Kreuz und den zwei Aussichtsbänken. Oben können wir wählen, ob wir lieber in Richtung Karwendel blicken oder die steil in den Himmel ragende Wettersteinwand bewundern. Der Abstieg erfolgt am Anstiegsweg zurück zur Ederkanzel und nach Mittenwald. Alternativ könnten wir vom Grünkopf auch noch weiter durch den Wald gehen, bis wir auf den Franzosensteig treffen. Dieser verbindet die Leutasch mit Mittenwald. Wir biegen nach rechts ab und steigen steil hinunter zum Ferchensee. Auch hier bietet sich eine schöne Einkehrmöglichkeit. Der Abstieg verläuft dann auf breitem Weg hinunter zum Lautersee und weiter nach Mittenwald. Die gesamte Runde ist zwar sehr schön, aber dem reinen Wandermuffel nicht mehr zu empfehlen. Hier braucht man schon etwas mehr Ausdauer als beim reinen Anstieg zum Berggasthof Ederkanzel.

Die Geisterklamm

Ein alternativer Aufstieg bringt uns von Mittenwald über den Klammsteig und die Geisterklamm zum Gasthaus Ederkanzel. Für den Abstieg wählen wir dann den oben beschriebenen Weg über den Lautersee. Die Klamm selbst ist ein lohnendes Ausflugsziel für die gesamte Familie. Koboldpfad und Klammgeistweg laden zur Entdeckungsreise ein.

11 Durch die Karwendelgrube
Gemütlicher Rundweg mit großem Fernblick

leicht · 0.45 Std. · 120 Hm · 1,5 km

Tourencharakter
Gute Wanderwege ohne Probleme; steiler Abstieg durchs Dammkar

Ausgangs-/Endpunkt
Parkplatz der Karwendelbahn

GPS-Daten
47.430278, 11.295556

Anfahrt
Auto: Auf der Autobahn A 95 Richtung Süden bis zum Ende und weiter auf der B 2 über Garmisch-Partenkirchen nach Mittenwald und zum Parkplatz an der Karwendelbahn. Bus/Bahn: Mit der Bahn nach Mittenwald und weiter zu Fuß zum Ausgangspunkt

Einkehr
Berggaststätte an der Karwendelbahn; Dammkarhütte

Karte
Kompass-Wanderkarte 6, Alpenwelt Karwendel, 1:50 000

Information
www.alpenwelt-karwendel.de

Die Gondeln der Karwendelbahn bringen uns schnell in die Höhe. Großartig ist die Aussicht von der Bergstation auf das Isartal mit Mittenwald. Ein schöner, einfacher Panoramaweg führt mit immer wieder neuen Ausblicken um die Karwendelgrube.

Auf dem Panoramaweg Von dem **Ⓐ Parkplatz der Karwendelbahn** nehmen wir die Gondel hoch zur Bergstation und steigen auf dem breiten Wanderweg hoch zum Gipfelaufbau der **❶ Westlichen Karwendelspitze**. Auch wenn das Gipfelkreuz verlockend nah erscheint, so ist der Anstieg nicht zu unterschätzen. Durch die Schattenlage ist der Fels häufig nass und zudem durch die häufigen Begehungen ziemlich rutschig. Auch wenn solide Drahtseilversicherungen über die schwierigen Stellen hinweghelfen, so lassen wir doch lieber die Finger von dem Aufstieg.

Stattdessen wandern wir noch hoch zum Beginn des Mittenwalder Höhenweges am Gipfel der **❷ Nördlichen Linderspitze**. Hier können wir die Klettersteigler auf den ersten Metern beobachten und einen wunderbaren Ausblick aufs benachbarte Wetterstein genießen. Es ist schon eindrucksvoll, wie die Kletterer auf schmalen Simsen dahintänzeln. Anschließend gehen wir den Panoramarundweg zu Ende und gelangen zum Natur-Informationszentrum, das die Form eines Riesenfernrohres aufweist.

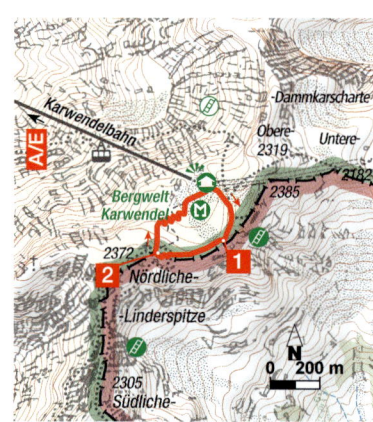

Ein paar Schritte später stehen wir schon wieder an der Bergstation der Karwendelbahn und schweben per Gondel schnell zum **Ⓔ Parkplatz** hinunter.

Durch die Karwendelgrube

Abstiegsvariante im Dammkar Wem der Weg zu kurz ist, für den bietet sich noch der Abstieg über das Dammkar an. Abstiegswege sind in der Regel nicht so anstrengend wie Aufstiege. Trotzdem benötigt man für den Abstieg gute Knie und vor allem

Ganz unten: Die Bergstation mit dem Fernrohr

Die Abstiegsvariante führt durch das Dammkar.

zum Schluss auch ein wenig Durchhaltevermögen, da der Rückweg nach Mittenwald auf einer längeren Forststraße erfolgt. Trotzdem möchten wir den Abstieg hier empfehlen, da er durch eine wirklich eindrucksvolle Landschaft verläuft. Das Dammkar ist ja vor allem bei Freeridern bekannt, die im Winter durch staubenden Pulverschnee zu Tal schwingen.

Von der Bergstation führt ein Tunnel ins Dammkar. Durch diesen gut beleuchteten Tunnel gelangen wir in fünf bis zehn Minuten ins Kar. Hier stehen wir plötzlich in einer ganz anderen Welt. Während im Winter die Freerider durch den Tunnel pilgern und im Kar dann an Schönwettertagen einiges los ist, ist es im Sommer hier ausgesprochen ruhig, auch viel ruhiger als an der Bergstation.

Toller Ausblick über den Mittenwalder Höhenweg zu den Zentralalpen

> **Ideales Wandergebiet**
>
> Die Region um Mittenwald ist im Buch mit einigen Touren vertreten. So lohnt es sich sogar für Wandermuffel, einen Bergurlaub zu planen. Neben der hier vorgestellten Tour bieten sich noch die Ausflüge zum Hohen Kranzberg und zur Ederkanzel an (Tour 9 und 10). Zahlreiche Einkehrmöglichkeiten laden immer wieder zu Pausen ein und bieten kurzweilige Wandertage.

Der schotterige Weg führt im Kar ziemlich steil bergab. Die großen Absperrungen links zeugen vom Skibetrieb im Winter. Einen Felsriegel umgehen wir in einem Rechtsbogen. Der Steig biegt wieder nach links ab, wird danach bald ziemlich steil und geröllig und führt unter eindrucksvollen Felswänden weiter bergab. Nach dieser Passage erreichen wir über einen flachen Abschnitt die Bergwachthütte im Dammkar, die auf einem kleinen Absatz steht. Dort bietet sich links ein schöner Blick ins einsame Viererkar. Von hier sind es nur noch 20 Minuten bis zur kleinen, gemütlichen Dammkarhütte direkt unterhalb. Jetzt

Durch die Karwendelgrube

lohnt es sich, gemütlich einzukehren und die eindrucksvolle Felslandschaft zu genießen. Von der Hütte können wir auch oft Kletterer in den umliegenden Felswänden bewundern. Sehr nah sind vor allem die Kletterrouten am direkt oberhalb der Hütte stehenden Predigtstuhl. Der Weiterweg bringt uns von der Hütte

Einfaches Gelände am Panoramaweg unter der Linderspitze

recht steil in zahllosen Kehren durch Latschen bergab zum Bankerl.

Der weitere Abstieg nach Mittenwald führt über die Dammkarstraße und zieht sich zwar noch ein wenig, ist aber nicht wirklich anstrengend. Auf der Straße spazieren wir in unterschiedlichem Gefälle in Richtung Mittenwald. Erst am Ende wird sie sehr steil und ist dort aufgrund der Steilheit sogar geteert.

Hier startet der Mittenwalder Höhenweg.

Am Ende der Fahrstraße gehen wir an der Schranke vorbei, queren unter der Bundesstraße in den Ort und stehen schließlich in wenigen Minuten am **❺ Parkplatz der Karwendelbahn**.

Tiefblick vom Panoramaweg an der Binsalm über den Großen Ahornboden hinweg

Im Isarwinkel

12 Gipfel um den Blomberg
Leichte Aussichtsgipfel über der Kurstadt

leicht | 2.30 Std. | 320 Hm | 6,7 km

Tourencharakter
Einfache, gemütliche Wanderwege von der Bergstation aus. Auch für wenig Fitte gut geeignet. Zeit und Kilometerangaben gelten für beide Gipfel.

Ausgangs-/Endpunkt
Parkplatz der Blombergbahn bei Bad Tölz

GPS-Daten
47.733611, 11.506389

Anfahrt
Auto: Auf der Autobahn A 8 bis zur Ausfahrt Holzkirchen und weiter nach Bad Tölz. Alternativ über die Autobahn A 95 bis zur Ausfahrt Benediktbeuern und weiter über Bad Heilbrunn zur Talstation kurz vor Bad Tölz. Bus/Bahn: Mit der BOB nach Bad Tölz und weiter mit dem Bus zur Talstation

Einkehr
Blomberghaus

Karte
Kompass-Wanderkarte 182, Isarwinkel, 1:50 000

Information
www.bad-toelz.de

Der Blomberg ist ein beliebtes Ausflugsziel nahe der Kurstadt Bad Tölz. Mit dem Sessellift erreichen wir bequem die Bergstation. Nicht weit ist es dann zu den beiden Gipfeln Heigelkopf und Zwiesel, die eine prächtige Aussicht bieten.

Zum Heigelkopf Startpunkt ist der Ⓐ **Parkplatz am Blomberg-Sessellift.** Der Heigelkopf ist der unbekanntere der beiden Gipfelziele, den wir ohne Schwierigkeit mithilfe des Sesselliftes

Gleich sind wir auf dem Gipfel des Zwiesel.

Gipfel um den Blomberg

erreichen können. Wir schweben mit dem Sessellift hinauf und wenden uns oben gleich nach links. Recht schnell stehen wir schon am ersten Gipfel, dem ❶ **Blomberggipfelkreuz**. Hier bietet sich uns schon ein wunderbarer Ausblick. Da es aber nicht sonderlich weit ist und wir noch jede Menge Puste haben, wandern wir natürlich noch weiter zum ❷ **Heigelkopf**. Der Gipfel mit seinem großen Gipfelkreuz und der grünen Gipfelwiese ist trotz seiner geringen Höhe ein fantastischer Aussichtsgipfel. Zu unseren Füßen liegt die Kurstadt Bad Tölz. Das Isartal zieht von Süden von den Gipfeln des Karwendelgebirges

Unten: Tolle Blicke in den Isarwinkel

Die Sunntratn

Die Sunntratn ist ein Grasrücken oberhalb von Gaißach. Das »Gipfelchen« kann auf einem einfachen, markierten Weg sehr schnell erreicht werden. Heute wird der Weg gepflegt, ursprünglich ist er aber einfach durch die vielen Begehungen entstanden. Hier kann man schön in der Nachmittagssonne sitzen und die Aussicht aufs Isartal genießen.

her. Im Vordergrund erblicken wir die Gipfel des Vorkarwendels wie Demeljoch, Juifen und Schafreiter, von weiter hinten grüßen uns die höchsten Karwendelgipfel wie Birkkar- und Ödkarspitzen.

Auf der Wiese können wir uns stundenlang hinsetzen, die Aussicht genießen und den Dohlen beim Segeln im Wind zusehen. Der Rückweg zur Bergstation des Sesselliftes erfolgt am Hinweg.

Unten: Auf dem Gipfel des Heigelkopfes

Zum Zwiesel Der Zwiesel ist der deutlich bekanntere Gipfel in der Umgebung der Blombergbahn. Von der Bergstation gehen wir nach rechts und stehen schon bald vor dem ❸ **Blomberghaus**, das mitten in einer sonnigen Wiese liegt. Ganz große Wandermuffel können der Versuchung nicht widerstehen und kehren gleich in dem Berggasthaus ein. Mit ein klein wenig Ehrgeiz werden wir allerdings weitergehen und noch den Zwiesel ansteuern. Wir folgen dem breiten Schotterweg noch ein Stück, bis von rechts die breite Blombergstraße von der Talstation des Sesselliftes heraufzieht. Wir gehen geradeaus. Der Weg wird nun schmaler und sogar kurzzeitig etwas steiler. Aber keine Angst, hier erwarten uns keine

Schwierigkeiten oder große Anstrengungen. Bald schon ist das große Gipfelkreuz auf dem ❹ **Zwiesel** erreicht. Auch von hier oben ist die Aussicht grandios. Vor allem beeindruckt der Gipfel der Benediktenwand, die sich direkt südlich von uns erhebt. Aber natürlich ist auch der Blick ins Isartal und zum Karwendelgebirge sehr schön.

Nach der gemütlichen Gipfelpause spazieren wir wieder zurück zum Blomberghaus. Jetzt gönnen wir uns eine gemütliche Einkehr und genießen noch einmal die liebliche Landschaft. Der Rückweg zur Sessellift-Bergstation ist dann nicht besonders lang. Bergab schaukeln wir entspannt hinunter mit dem Sessellift. Wer noch etwas mehr Abenteuer und Spaß haben möchte, der kann auf der Sommerrodelbahn zur ❺ **Talstation** brausen.

Aufstieg zu Fuß Wir sind ja eigentlich Wandermuffel. Aber vielleicht möchten wir doch einmal ein paar mehr Höhenmeter absolvieren, als von der Bergstation zu den beiden Gipfeln zu spazieren. Dann wählen wir den Fußweg von der Talstation. Dieser verläuft auf einem breiten Schotterweg und ist einfach zu begehen. Teilweise ist er allerdings etwas steil und kostet schon ein paar Schweißtropfen. Dafür schmeckt die Brotzeit auf den beiden Gipfeln oder am Blomberghaus noch viel besser. Für den Abstieg können wir dann immer noch den Sessellift oder die Bobs der Sommerrodelbahn benutzen.

Das Blomberghaus

13 Brauneck-Panoramaweg
Von Alm zu Alm im Ski- und Wandergebiet

leicht | 1.30 Std. | 240 Hm | 3,9 km

Tourencharakter
Einfache, gut zu begehende Wanderwege.

Ausgangs-/Endpunkt
Parkplatz der Brauneckbahn

GPS-Daten
47.663333, 11.526389

Anfahrt
Auto: Über die A95 München–Garmisch-Partenkirchen bis zur Ausfahrt Sindelsdorf, weiter über Bad Tölz nach Lenggries und zur Seilbahn-Talstation. Eine Anfahrt ist auch über die Autobahn A8 München–Salzburg möglich. Dann über die Ausfahrt Holzkirchen und Bad Tölz nach Lenggries. Bus/Bahn: Mit der BOB nach Lenggries und mit dem Bus zur Talstation

Einkehr
Brauneck-Gipfelhaus; Stie-Alm und weitere Hütten

Karte
Kompass-Wanderkarte 182, Isarwinkel, 1:50 000

Information
www.lenggries.de

Das Brauneck ist ein beliebtes Ski- und Wandergebiet über Lenggries im Isarwinkel. Berühmt wurde der Berg vor allem als Hausberg für deutsche Skigrößen. Auf dem Gipfel erwartet uns ein Wandergebiet mit hervorragender Aussicht.

Zur Gipfelhütte   Vom **A** **Parkplatz der Brauneckbahn** geht es mit der Bahn hinauf. Auf dem Gipfel steht wenige Meter unterhalb des Gipfelkreuzes das Brauneck-Gipfelhaus, eine richtige Gipfelhütte des Deutschen Alpenvereins. Hier oben gibt es nicht nur leckeres Essen, sondern auch eine prächtige Aussicht. Diesen ersten Abstecher wollen wir unbedingt machen und schon einmal das großartige Panorama genießen. Vor allem in Richtung Süden zu den Berggipfeln von Wetterstein und Karwendel ist die Sicht faszinierend.

Auf dem Panoramaweg   Ein wirklich toller Panoramaweg führt nach Benutzung der Brauneckbahn von der Bergstation zur **1** **Tölzer Hütte**. Dieser Abschnitt kann sogar mit dem Kinderwagen begangen werden. Dabei bewundern wir einen grandiosen Panoramablick nach Süden. Wer noch weitergehen möchte, hält sich geradeaus zur **2** **Quenger-Alm** und weiter zur Strasser-Alm. Zum Abschluss steigen wir hinauf zur **3** **Stie-Alm** am Ende des Panoramaweges. Hier können wir wunderbar einkehren und uns stärken, bevor wir den Rückweg antreten. Der Weg bis zur Stie-Alm dauert 45 Minuten.

Es gibt auch einen kleinen Höhenweg, für den man insgesamt eine Stunde braucht. Dieser führt vom

Kapelle an der Stie-Alm

Brauneckgipfel in Richtung Westen zum Drachen- und Gleitschirmfliegerstartplatz und unter dem Schrödelstein hindurch. Dann geht es nach links zum Panoramaweg, wieder zurück zur Bergstation und per Bahn zum ❺ **Ausgangspunkt** hinab.

Großer Höhenweg Ein sehr schöner Höhenweg ist der Große Höhenweg. Mit drei Stunden ist er aber schon deutlich länger und für »Wandermuffel« schon fast grenzwertig. Der Große Höhenweg startet am Brauneck-Gipfelhaus und

Mein Einkehrtipp

Neben dem Brauneck-Gipfelhaus gibt es oben noch einige bewirtete Hütten, die man auch teilweise auf den Höhenwegen passiert. Hier freut man sich über einen Besuch der Wanderer und alle Hütten sind gemütliche Rastplätze.

zieht über den Kirchstein zum Latschenkopf, von dem aus wir die eindrucksvolle Benediktenwand vor uns sehen. Vom Latschenkopf geht es hinunter in den Probstalmsattel. Über den Idealhang wandern wir zur Stie-Alm und weiter zur Bergstation, von der wir noch einmal hinaufgehen könnten zum Gipfelhaus. Wer hier oben einmal eine Nacht verbringen möchte, der kann am Brauneck-Gipfelkreuz in die Sterne schauen. Vorher gibt es ein leckeres Abendessen und vielleicht einen Saunagang in der neuen Panorama-Sauna.

Tiefblick zur Stie-Alm

14 Über die Binsalm in die Eng
Vorspeise, Hauptspeise, Nachspeise

mittel | 2.15 Std. | 350 Hm | 12 km

Tourencharakter
Leichte Bergtour, Aufstieg über Bergpfade und eine kleine Almstraße, Abstieg etwas steiler

Ausgangs-/Endpunkt
Alpengasthof Eng am Ende des Rissbachtales

GPS-Daten
47.402311, 11.567356

Anfahrt
Auto: Über Bad Tölz zum Sylvensteinspeicher, von dort weiter nach Vorderriss, dann links nach Hinterriss abbiegen, Mautstraße bis zum Ende in die Eng (Gr. Ahornboden), dort großer gebührenpflichtiger Wanderparkplatz. Bus/Bahn: Mit der Bahn nach Lenggries, von dort mit dem Bergsteigerbus (Mitte Juni bis Mitte Oktober) in die Eng

Einkehr
Binsalm, geöffnet von Anfang Mai bis Oktober, am letzten Almwochenende im Jahr wird dort oben musiziert; Gasthäuser in der Eng

Karte
Kompass-Wanderkarte 182, Isarwinkel, 1:50000

Information
www.silberregion-karwendel.at

Die Vorspeise gibt es auf der Binsalm.

Die Wanderung über die Binsalm zu den Engalmen ist nicht nur in kulinarischer Sicht ein Hochgenuss. Zur Vorspeise geht es auf die urgemütliche Binsalm. Die Hauptspeise servieren wir uns mit einer Brotzeit selbst am Panoramaweg.

Felswände, Bergahorn und die Vorspeise   Es geht schon gut los! Die Luft, so kühl, so klar und so sauber! Da atmen wir erst einmal tief ein und genießen die Frische. Die herbstliche Morgensonne lässt die einzelnen knorrigen Ahornbäume leuchten und gerade verziehen sich die letzten Nebelschwaden. Es ist noch früh am Morgen und bevor viele weitere Erholungssuchende ankommen, machen wir uns auf den Weg.

Wir starten vor dem Ⓐ **Alpengasthof Eng** und wandern zuerst eben in Richtung der Engalmen. Gleich nach wenigen Metern

Über die Binsalm in die Eng

queren wir den kleinen ❶ **Binsbach** und biegen links in den schmalen Wanderpfad ein, der zur Binsalm ausgeschildert ist. Zackig geht es entlang des Baches aufwärts, dann treffen wir auf eine kleine Almstraße, der wir weiter nach links folgen. Jetzt ist es schon wieder gemütlicher zu gehen und mehr nach dem Geschmack für uns Wandermuffel. Nach einer Kurve sehen wir über uns bereits die ❷ **Binsalm** bzw. den Binsalm-Niederleger unter den Wänden der Lamsenspitze liegen. Das Ziel ist schnell erreicht und wir können auf der sonnigen Terrasse die erste Pause einlegen – oder besser, uns die Vorspeise gönnen. Ein feines Kaspressknödelsüppchen schmeckt immer, oder vielleicht die leckeren Kasspatzn oder die angebotenen Mehlspeisen. Kann das Paradies schöner sein?

Am Panoramaweg genießen wir dann unsere mitgebrachte Brotzeit.

Mein Extratipp

Unbedingt eine kleine Brotzeit mitnehmen. Am Panoramaweg über der Binsalm will man einfach sitzen bleiben und mit allen Sinnen genießen.

Panoramaweg mit Brotzeitplatz Für den Hauptgang steigen wir dann aber weiter auf. Die Vorfreude auf eine der schönsten Picknickstellen überhaupt für unsere eigene Brotzeit lässt jeden weiteren Schritt und Höhenmeter in den Hintergrund treten. Versprochen, es wird noch besser! So führt der Weg nach der Binsalm weiter und wendet sich dann nach rechts auf den Panoramaweg. (Links führt der Weg über das Lamsenjoch zur Lamsenspitze.) Kurz darauf sind wir auf einem sonnigen Plateau, an dem unser ❸ **Panoramaweg** seinem Namen alle Ehre macht. Die Aussicht auf den Enger Grund, auf Hochglück, Grubenkarspitze, Gumpenspitze, Gamsjoch und Karwendelhauptmassiv ist einzigartig. Es gibt keinen besseren Platz für eine ausgiebige Rast. Wenn wir uns hier ins Gras setzen und das Szenario in uns aufnehmen, wissen wir: Schöner geht nimmer!

Engalmen und eine Nachspeise Außerdem haben wir den höchsten Punkt der Wanderung erreicht und ab hier geht es nur noch bergab. Dabei begleitet uns die herrliche Sicht. Vorbei an der privaten ❹ **Drijaggenalm** geht es auf einem Pfad steil abwärts und wir erreichen die Almwiesen im Hinteren Rissbachtal. Wir wandern einfach auf die vielen Gebäude der bereits sichtbaren Engalmen zu.

Das kleine ❺ **Almdorf »Engalmen«** liegt am Ende des Talgrundes fast unmittelbar unterhalb des Karwendelhauptkammes. Zwischen den blumengeschmückten Almgebäuden, Scheunen, Heuhütten, einer kleinen Kirche, Bauernladen, Käserei, Brunnen und dem großen Gasthaus Rasthütte Eng Alm gibt es viel zu entdecken. Die Almen gehören zehn Bauern aus dem – zumindest der Luftlinie nach – nahen Tiroler Inntal. Im Sommer weiden hier an die 220 Kühe, ihre Milch wird direkt vor Ort verarbeitet. Es gibt aber auch ein paar Ziegen, Schafe und Schweine. Bereits seit Mitte des 19. Jahrhunderts haben sich die Engbauern zu einer Agrargenossenschaft zusammengeschlossen und bis heute produzieren sie gemeinsam den feinen Käse. Durch die großen Glasfenster dürfen wir einen Blick in die Käserei werfen. Den Käse können wir zusammen mit vielen anderen heimischen

Großer Ahornboden in der Eng unter den Karwendelwänden

Schmankerln im großen Bauernladen erwerben. Für unsere »Nachspeise« steuern wir dann die Rasthütte Eng Alm an. Wer mit Kindern unterwegs ist, freut sich über den neuen riesigen Spielplatz »Spielschatz«. Da sind die Kleinen bestens beschäftigt, während sich die Erwachsenen auf der großen Sonnenterrasse der großen Alpengala hingeben. Das Ganze wird garniert mit hausgemachten Kuchen, Topfen- und Apfelstrudel. Wer vorher den Hauptgang ausfallen ließ, kann das hier mit heimischen Wildgerichten nachholen. Hier können wir den Tag im hintersten Winkel des Rissbachtales ausklingen lassen und staunen ringsherum noch einmal über die Steinwände und wilden Felszacken jeglicher Couleur, die im Laufe des Tages und mit dem Stand der Sonne ihr Aussehen ständig verändern.

Der Große Ahornboden

Auf dem Großen Ahornboden wachsen 2218 Bergahorne. Von Moos bewachsen, krumm, buckelig, mit großen und kleinen Baumkronen, windschief und knorrig. Jeder hat seinen ganz eigenen Charakter. Ein Teil der Bäume ist bereits über 400 Jahre alt. Der Naturpark Karwendel kümmert sich um den Erhalt dieser Kulturlandschaft. Vor allem im Herbst erwartet uns dort mit der Laubfärbung ein farbenprächtiges Spektakel.

Zum Finale führt dann der kurzweilige Themenweg »Großer Ahornboden – Engalm« in nördliche Richtung zurück zum **E Alpengasthof Eng**.

15 Zur Bärenbadalm
Karwendelblicke am Zwölferkogel

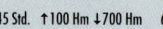

leicht 2.45 Std. ↑100 Hm ↓700 Hm 6 km

Tourencharakter
Mithilfe der Karwendelbahn eine einfache Wanderung über Wanderwege mit nur wenig Steigung. Sehr sonnig. Beim Abstieg fällt der Weg links einmal steiler ab. Der Felsenweg ist spannend, aber relativ breit, sodass dort sogar Mountainbiker unterwegs sind.

Ausgangs-/Endpunkt
Karwendellift in Pertisau

GPS-Daten
47.437400, 11.696635

Anfahrt
Auto: Über den Achenseepass nach Österreich und über Achenkirch am Achensee entlang bis Maurach. Hier rechts bis Pertisau zum gebührenpflichtigen Wanderparkplatz gegenüber dem Karwendellift. Bus/Bahn: Anfahrt etwas umständlich, bis Bahnhof Tegernsee und weiter mit dem Bus über Kreuth nach Pertisau; ansonsten nur über Österreich

Einkehr
Bärenbadalm; mehrere Möglichkeiten in Pertisau

Karte
Kompass-Wanderkarte 26, Karwendel, 1:50 000

Information
www.achensee.de

Zwischen dem Himmel und dem Achensee liegt die Bärenbadalm unweit des Zwölferkopfes. Auf diesen fährt eine Bahn und so erreichen wir diesen besonderen Platz fast ohne Anstrengung. Vielleicht ist dann auch für Wandermuffeligste noch Elan für mehr übrig?

Hoch über dem Achensee   Viele Wege führen zu unserem heutigen Ziel, der schönen Bärenbadalm. An einem klaren Herbsttag kann es dort schon mal voll werden, denn die Bärenbadalm ist von vielen Seiten aus erreichbar. Über die breite Forststraße radeln Mountainbiker herauf. Einige Wanderer steigen vom Achensee über die Ostseite empor, das ist schon eher etwas für den ambitionierten Berggeher. Andere wiederum haben höhere Ziele und sind auf dem Weg zum Bärenkopf oder dem Stanser Joch. Der einfachste Weg bringt uns mithilfe der Ⓐ **Karwen-**

Beim Abstieg folgen wir dem Notburga-Besinnungsweg.

Zur Bärenbadalm

Herrliche Aussichten über den Achensee und das Rofangebirge erwarten uns bei der Tour.

delbahn hinauf. Und so gondeln wir ganz bequem in der Kabinenbahn nach oben. An der Bergstation folgen wir dann dem Weg über die Skipiste zunächst leicht bergab. Dabei müssen wir natürlich gleich einmal den ersten Stopp einlegen und die wirklich fantastische Aussicht auf den Achensee genießen. Am Startplatz der Gleitschirmflieger ist sie besonders schön. Danach steigt der Weg entlang eines Liftes wieder leicht an; es folgen Aussichtskanzeln, Skulpturen, Holzfiguren und Informationstafeln über Flora und Fauna. Schließlich sehen wir die ❶ **Bärenbadalm** schon auf der Wiese im Sattel unter

Die hl. Notburga

Die hl. Notburga (um 1265 bis 1313) arbeitete als Magd auf der Burg des Herren Heinrich I. von Rottenburg bei Rotholz im Inntal. Mit dessen Duldung verteilte sie regelmäßig Speisereste an die Armen. Nach seinem Tod verbot ihr dies sein Sohn Heinrich II. Ihr mildtätiges Leben und einige ihr zugeschriebene Wunder trugen dazu bei, dass sie zu den meistverehrten Heiligen in Tirol und Altbayern gehört. Sie ist die Patronin der Dienstboten und der Landwirtschaft.

Rechts: Auch Ausblicke ins Karwendel kommen nicht zu kurz.

Im Frühjahr blüht die Alpen-Kuhschelle auf den Wiesen an der Bärenbadalm.

uns liegen. Nun sind es nur noch wenige Minuten und wir stehen auf ihrer Terrasse.

Besonderes Platzerl Und ein besonderes Platzerl ist die Bärenbadalm ganz sicher. Das liegt natürlich zum einen an der tollen Lage, auf halbem Weg zwischen dem Achensee und dem Bären-

kopf, und zum anderen an ihrem liebevollen Ambiente. Der Tiroler Adler wacht über die üppigen Geranien auf dem Balkon. Gelbe und weiße Sonnenschirme spenden Schatten auf der Terrasse, die sich an die Ostseite des Hauses schmiegt. Aus der Küche duftet es nach Kaiserschmarren und frisch gebackenem Brot, das hier zur Speckjause gereicht wird. Natürlich gibt es noch einige weitere Schmankerl aus der Tiroler Küche, wie Speckknödel oder Frittatensuppe.

Kraft und Elan übrig? Der kürzeste Weg erfolgt auf dem Hinweg zurück zur Bergstation. Aber wer doch noch etwas Elan in sich fühlt und an der Bärenbadalm Kraft getankt hat, kann auch zu Fuß absteigen. Bei diesem wirklich lohnenswerten Abstieg umrunden wir den Zwölferkogel und wandern auf dem Tunnelweg und später dem St.-Notburga-Dien-Mut-Weg. Dafür folgen wir einfach hinter dem Gebäude der Bärenbadalm dem kleinen Almsträßchen in

Die urige Bärenbadalm ist das Ziel unserer Wanderung.

südliche Richtung. Wir verlieren gleich an Höhe und folgen der Kurve über eine Almwiese. Nach dem anschließenden Waldstück queren wir die sommerliche ❷ **Skipiste**, von der wir nun beste Ausblicke auf das nahe Karwendel haben. Wir bleiben in nördliche Richtung und wandern bald durch einen Tunnel und dann weiter auf dem ❸ **Notburgasteig**. Das ist ein Themenweg, der für die hl. Notburga angelegt wurde. Bald kreuzt über uns die Karwendelbahn und wir verlassen etwas später den Notburgasteig scharf nach links abwärts zur ❺ **Bergbahn-Talstation**, an der unsere Wanderung wieder endet.

Meine Tourvariante

Wer von der Bärenbadalm noch ein Stück Richtung Osten bis hinter das kleine Almkreuz wandert, darf sich über weitere herrliche Ausblicke auf den Achensee freuen.

Auf den letzten Metern zum Wallberggipfel

16 Zur Aueralm
Almenglück über dem Tegernsee

mittel · 3.15 Std. · 500 Hm · 11 km

Tourencharakter
Einfache Bergwanderung auf zuerst schattigen breiten Waldwegen, erst weiter oben in der Sonne. Der Abstieg ist etwas steiler.

Ausgangs-/Endpunkt
Wanderparkplatz Söllbach in Bad Wiessee

GPS-Daten
47.701965, 11.718718

Anfahrt
Auto: Über die Salzburger Autobahn A8 bis Ausfahrt Holzkirchen und auf der B318 Richtung Tegernsee. Bad Wiesee liegt am Westufer, der Parkplatz befindet sich am Ortsende rechts in der Söllbachstraße. Bus/Bahn: Mit der BOB über Holzkirchen zum Bahnhof Gmund, weiter mit dem Bus zur Haltestelle Söllbach

Einkehr
Aueralm, ganzjährig geöffnet (täglich von 8.30–17 Uhr, am Wochenende bis 18 Uhr, Mittwoch sogar bis 22 Uhr, Montag Ruhetag)

Karte
Kompass-Wanderkarte 8, Tegernsee, Schliersee, 1:50000

Information
www.tegernsee.com

Manchmal ignoriert man seine Abneigung zum Wandern ein bisschen, wenn die Aueralm als Ziel vor einem liegt. Aber jeder Schritt und jeder Höhenmeter bringen uns dem Almenglück näher. Neben der Aussicht locken uns auch die Topfenstriezel mit Puderzucker auf den Berg.

Durch das Söllbachtal Vom **Ⓐ Wanderparkplatz** folgen wir dem Söllbach flussaufwärts. Nach wenigen Minuten passieren wir die Söllbachklause und ein Stück dahinter erreichen wir eine **❶ Wegteilung**. Wir halten uns nun rechts auf den steil ansteigenden Weg, der bereits zur Aueralm ausgeschildert ist. Zum Glück führt er durch den Wald, es ist angenehm schattig und wir kommen nicht so sehr ins Schwitzen. Aber irgendwie müssen nun einmal Höhenmeter gewonnen werden. Dann treten wir

aus dem Wald und der Blick öffnet sich zum ersten Mal auf die nahen Tegernseer Berge. Jetzt wissen wir, warum wir uns abmühen. Noch ist es nicht ganz geschafft, aber mehr als die Hälfte der Strecke liegt schon hinter uns. Jetzt wechseln sich Wald und Wiesen ab. Schließlich stößt in einem Waldstück von rechts der Weg aus dem Zeiselbachtal kommend auf unseren. Dorthin werden wir später absteigen. Aber zuerst erreichen wir vom Waldrand die Almwiese und haben mit einem letzten Bergaufschwung unser Ziel, die ❷ **Aueralm**, erreicht. Jetzt wird alles gut, denn nach der Einkehr geht es nur noch bergab, wobei das mit vollem Magen auch nicht leicht ist.

Mein Einkehrtipp

Die Aueralm ist mit ihrer sonnigen Aussichtsterrasse bei Gästen und Einheimischen, Wanderern und Mountainbikern gleichermaßen beliebt und auch im Winter ein schönes Ziel. Das liegt u. a. an der bodenständig bayerischen Küche. Mehlspeisen wie die knusprigen Topfenstriezel sind im ganzen Tal bekannt.

Abwärts entlang des Zeiselbaches Für den Rückweg wandern wir wieder zum Waldrand und folgen dann aber links dem Weg über das ❸ **Zeiselbachtal**. Dafür halten wir uns unmittelbar nach der Zeiselbachquerung rechts und nun steil bergab immer am Wasser

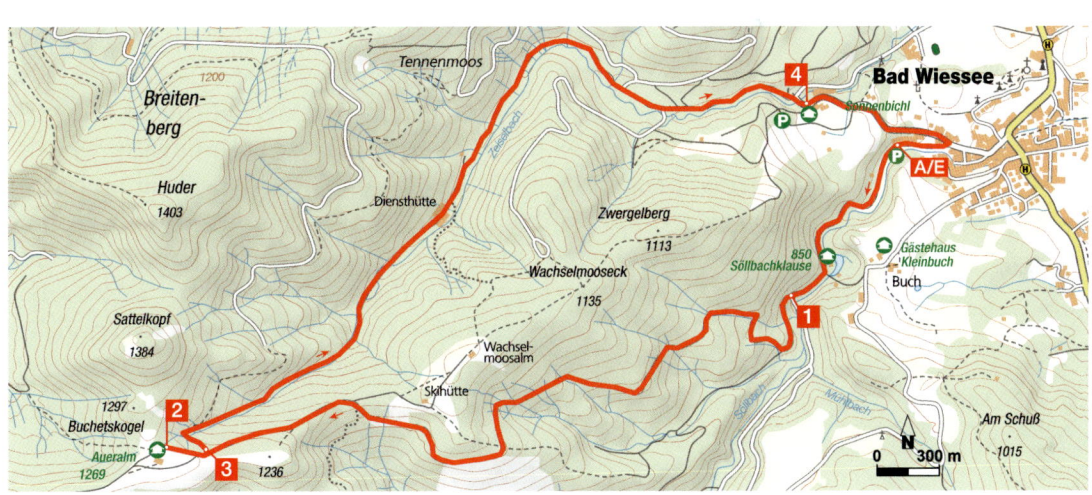

entlang. Unser Weg führt schließlich zum ❹ **Hotel Am Sonnenbichl**, das am Fuß des gleichnamigen Skiliftes liegt. Jetzt folgen wir nur noch der Zufahrtsstraße bergab und biegen dann scharf rechts in den Söllbachweg ein. Er bringt uns zum ❺ **Parkplatz**, unserem Ausgangspunkt zurück.

Linke Seite: Das ganze Jahr über kann man zur Aueralm hinaufsteigen.

17 Auf den Wallberg
Toller Seilbahngipfel mit dem Kircherl

leicht | 0.45 Std. | 130 Hm | 1,5 km

Tourencharakter
Einfacher Gipfelanstieg, zum Schluss leichte Felsen. Auch der Setzberg ist leicht, wenn auch steiler und rutschiger. Risserkogel deutlich anspruchsvoller und länger.

Ausgangs-/Endpunkt
Parkplatz der Wallbergbahn bei Rottach-Egern

GPS-Daten
47.661667, 11.793611

Anfahrt
Auto: Auf der A8 bis Holzkirchen. Weiter über Tegernsee und Rottach-Egern zur Wallbergbahn. Bus/Bahn: Mit der BOB nach Tegernsee und mit dem Bus zur Wallbergbahn

Einkehr
Wallberghaus

Karte
Kompass-Wanderkarte 8, Tegernsee, Schliersee, 1:50 000

Information
www.tegernsee.com/rottach-egern

Wallberg und Setzberg sind fantastische Aussichtsgipfel über dem Tegernsee. Gerade der Wallberg ist von der Seilbahn aus schnell erreicht. Traumhaft ist der Tiefblick auf den Tegernsee. Der Setzberg ist nicht besonders schwer, aber schon etwas anspruchsvoller.

Zum Wallberggipfel Von dem ❶ **Parkplatz der Wallbergbahn** fahren wir mit der Bahn hinauf und spazieren hinüber zum Startplatz der Gleitschirmflieger. Über ein paar leichte Felsen hinweg kommen wir zum Vorgipfel mit seiner tollen Aussicht und stehen wenige Minuten später am schönen großen Kreuz des ❶ **Wallbergs**. Neben dem Tiefblick auf den Tegernsee begeistern uns vor allem Roß- und Buchstein, die sich hinter dem kleinen Wallbergkirchl erheben. Besonders schön ist auch der Blick ins Karwendelgebirge, das relativ nahe ist.

Auf den Setzberg Wer noch einen zweiten Gipfel besteigen oder einfach nur ein paar Meter mehr gehen möchte als zum Risserkogel, dem sei der Setzberg ans Herz gelegt. Nach der kurzen Gipfelpause geht es zurück und an der Seilbahn und dem Wallbergkirchl vorbei bis zum Wallberghaus. Dort teilt sich der Weg. Der Alpenlehrpfad zum Risserkogel führt durch die Südostflanke des Setzbergs. Allerdings wäre es schade, diesen schönen Aussichtsgipfel auszulassen. Deshalb steigen wir in vielen Serpentinen über den oft lehmigen Weg zum Setzberggipfel. Hier sind wir den schönen Karwendelgipfeln und der Zugspitze noch deutlich näher.

Zum Risserkogel Vom Setzberg lockt eigentlich der Risserkogel. Hier muss man aber aufpassen. Der Weg ist deutlich weiter und anspruchsvoller und somit eigentlich nicht für Wandermuffel geeignet. Wir möchten ihn trotzdem hier vorstellen. Der Weg bringt uns durch den Wald direkt vom Gipfel nach Süden. Teilweise etwas steil erreichen wir bald den Höhenweg, der vom

Wallberghaus herüberkommt. In stetem Auf und Ab spazieren wir über den bewaldeten Kamm, der uns immer wieder eindrucksvolle Blicke auf den Risserkogel und seinen Trabanten, den Blankenstein gewährt. Den Wegabzweig Richtung Kreuth ignorieren wir und erklimmen stattdessen in Serpentinen das Grubereck. Dort rasten wir ein wenig, genießen den Ausblick auf Zugspitze und Roß- und Buchstein, bevor es zu den Felsen des Risserkogels geht. Bald stehen wir am Gipfel und erfreuen uns am Rundblick. Nach Süden ist der Blick hier deutlich freier als vom Wallberg. Besonders beeindruckend ist der Guffert, der sich als nördlicher Vorposten der Brandenberger Alpen erhebt.

Mein Badetipp

Gerade an heißen Sommertagen sollte man ein Bad im kühlen Tegernsee nehmen. Das Schönste am See ist sein klares Wasser. In Rottach-Egern gibt es das See- und Warmbad, in dem es neben dem kühlen See noch beheizte Becken gibt.

Oben: Das Wallbergkircherl mit der Zugspitze im Hintergrund

Abstieg nach Enterrottach Nach einer ausgiebigen Gipfelbrotzeit gehen wir am Anstiegsweg kurz zurück und steigen dann nach rechts zum Sattel zwischen Blankenstein und Risserkogel ab. Hier halten wir uns links und kommen rasch zur Röthensteinalm. Bald danach erreichen wir eine Straße, die uns zur Hufnagelstube bei Enterrottach bringt. Mit dem Bus fahren wir zurück zur **E Wallbergbahn-Talstation**.

Rückkehr zur Wallbergbahn Von der Röthensteinalm besteht auch die Möglichkeit, über die Rottachalm zum Wallberghaus aufzusteigen. Hierzu folgen wir dem Weg in Richtung Hufnagelstube noch ein Stück abwärts in den Wald. An einer Wegkreuzung zweigt nach links der Weg ab, der uns in einem Gegenanstieg zum Wallberghaus und zur Bergstation der Wallbergbahn bringt.

18 Zu den Siebenhütten
Alm mit Bachgeplätscher

leicht | 2 Std. | 50 Hm | 6 km

Tourencharakter
Einfache Rundwanderung mit wenig Steigung auf breiteren Waldwegen. Lässt sich sogar noch verkürzen. Dann startet man vom Siebenhüttenparkplatz und wandert nur auf der kleinen Almstraße in ca. 45 Minuten zur Alm.

Ausgangs-/Endpunkt
Wanderparkplatz Wildbad Kreuth bei Kreuth

GPS-Daten
47.625787, 11.746995

Anfahrt
Auto: Über die A 8 bis zur Ausfahrt Holzkirchen und über Bad Wiessee auf die B 307 weiter Richtung Achenpass. Durch Kreuth hindurch und dann links auf den gebührenpflichtigen Parkplatz Wildbad Kreuth. Bus/Bahn: Mit der BOB bis zum Bahnhof Tegernsee, weiter mit dem Bus bis Haltestelle Wildbad Kreuth

Einkehr
Siebenhütten, je nach Schneelage täglich geöffnet ab Mai bis Mitte Oktober, Forellenzucht; Gasthaus Altes Bad

Karte
Kompass-Wanderkarte 8, Tegernsee, Schliersee, 1:50 000

Information
www.tegernsee.com

Die Entscheidung für die Wanderung zu den Siebenhütten ist gefallen – Gratulation, alles richtig gemacht! Viel Berggefühl, kombiniert mit minimalem Wanderaufwand, und der Weg dorthin ist abwechslungsreich und gespickt mit ein paar Sehenswürdigkeiten.

Das Wildbad Kreuth Vom **Ⓐ Parkplatz** folgen wir der kleinen Teerstraße über die Weißach und bleiben dann geradeaus auf der Zufahrtsstraße in Richtung Wildbad Kreuth. Den nach rechts ausgeschilderten Wanderweg zu den Siebenhütten lassen wir unberücksichtigt. Hier werden wir später zurückkommen. Der Weg steigt minimal an. Kaum verlassen wir den Wald, liegt das große **❶ Wildbad Kreuth** vor uns. Früher ein Heilbad (siehe Kasten), wurde es von 1974 bis 2016 als Bildungszentrum der Hanns-Seidel-Stiftung genutzt. Heute gibt es Pläne, das alte Bad für seinen ursprünglichen Zweck zu sanieren.

An der Weggabelung halten wir uns rechts, um dann direkt am Wildbad entlang nach links zu gehen. Beide Wege treffen am südlichen Ende des lang gestreckten Gebäudes wieder zusammen. Hier bleiben wir in südlicher Richtung und wandern an der Kapelle Hl. Kreuz und dem Gasthaus Altes Bad vorbei.

Der Kiem Pauli Weg Rechts führt ein Weg hinunter zur Fischzucht. Diese Abzweigung ignorieren wir ebenfalls, wobei wir

Zu den Siebenhütten

uns gleich darauf den Abstecher von zehn Minuten nach links zur ❷ **Quelle** mit dem schönen Denkmal von Max I. Joseph gönnen. Zurück am Abzweig geht es dann über den Bach, der von der Quelle herfließt. Nun sind wir auf dem Kiem-Pauli-Weg unterwegs, dem auch eine Gedenktafel an der kleinen Kapelle gewidmet ist. Der Kiem Pauli, ein bekannter Volksmusiker, lebte von 1924 bis zu seinem Tod 1960 in Wildbad Kreuth. Seinem Engagement ist es zu verdanken, dass die bayerische Volksmusik etwa ab 1930 einen bis heute ungebrochenen ungeheuren Aufschwung erlebte. Der Weg zieht sich nun mit einigen Aussichtspunkten oberhalb der Hofbauernweißach entlang und ist stets zu den Siebenhütten ausgeschildert. Nachdem wir den Hohlensteinbach überquert haben, sehen wir auch schon die Häuser der ❸ **Siebenhütten** auf einer Almwiese vor uns liegen.

Wildbad Kreuth

Linke Seite: Der leckere Kuchen bei den Siebenhütten ist ein weiterer Anreiz für die Wanderung.

Zu den Siebenhütten Schnell sind diese erreicht und einer genussvollen Einkehr steht nichts mehr im Wege. Auch wenn wir uns dafür in der Selbstbedienungsschlange anstellen müssen, lohnt sich die Warterei für einen hausgemachten Kuchen und hervorragenden Kaffee, der aus der Kaffeerösterei Dienzler stammt. Leckere kleine Brotzeiten wie Wurstsalat oder Leberkäse, Griebenschmalzbrote oder Obatzden gibt es natürlich auch. Die Käseköstlichkeiten stammen von der nahen Tegernseer Käserei und besonders erwähnenswert ist der leckere Joghurt mit frischen Früchten. Wer es deftiger mag, erfrischt sich natürlich mit bestem Bier aus dem Herzoglichen Brauhaus Tegernsee. Einst

Ganz unten: Das schmeckt!

Ein Brücklein führt über die Hofbauernweißach zu den Siebenhütten.

standen hier wirklich sieben Almhütten von sieben Kreuther Bauern. Als 1818 der König von Bayern Maximilian I. Joseph das alte Bad in Kreuth erwarb und es zu einem damals modernen und mondänen Heilbad umbauen ließ, erlebten die Bauern und ihre Almwirtschaft einen großen Aufschwung. Bis zu 500 Ziegen wurden hier gehalten, deren Milch bzw. die Molke für die Kuren benötigt wurde. Als die Kuren zum Erliegen kamen, verschwanden auch die Almhütten. Drei Gebäude sind übrig geblieben und ein viertes, ein alter

Troadstadl, wurde 2015 wieder neu aufgestellt. Bis heute gehört das Gebiet den Wittelsbachern. Besitzerin ist Helene Herzogin von Bayern, die sich zusammen mit den Pächtern dafür einsetzt, alte Traditionen zu bewahren. Wer noch ein Plätzchen für ein Mittags- bzw. Verdauungsschläfchen sucht, wird bestimmt am Bachlauf fündig. Aber alles Gute hat einmal ein Ende und so machen wir uns auf den Rückweg.

Fischer Fritz   Dafür queren wir die Hofbauerweißach und wenden uns dann auf dem breiten Wanderweg nach rechts leicht bergab. Diesem folgen wir nun ein gutes Stück. Der Weg mün-

Wildbad Kreuth

Bereits seit dem 15. Jahrhundert war das heilkräftige gesunde Wasser in Wildbad Kreuth bekannt. Es befand sich im Besitz des Klosters Tegernsees, das jedoch der Säkularisation zum Opfer fiel und 1817 durch König Maximilian I. Joseph erworben wurde. Dieser ließ rasch ein neues Bad errichten. Und gleich reisten viele hochkarätige Adelige, darunter die Zarin Alexandra von Russland, Erzherzogin Sophie von Österreich oder der preußische Kronprinz Friedrich Wilhelm hierher. Wildbad Kreuth wurde so ein Treffpunkt der damaligen High Society.

det an der nächsten ❹ **Brücke** in einen größeren Weg. Geradeaus geht es zum Wanderparkplatz Siebenhütten; wir halten uns jedoch rechts und queren erneut den Bach. Unmittelbar dahinter biegen wir dann links auf den Wanderweg ein – wobei sich an dieser Stelle ein Abstecher nach rechts zu den ❺ **Herzoglichen Fischweihern** lohnt. Dort wartet die nächste perfekte Einkehrmöglichkeit auf uns. Und wer Lust auf frisch geräucherte Forellen und Saiblinge hat, kann sich für den Nachhauseweg eindecken. Egal ob mit oder ohne Abstecher führt unser Weiterweg ab besagter Brücke nach links und wir wandern unterhalb des Wildbadgebäudes durch den Wald. Das letzte Wegstück begleitet uns dann die Weißach. Schließlich stoßen wir an der Brücke wieder auf den bekannten Weg und sind mit wenigen Schritten an unserem ❺ **Ausgangsort** zurück.

Links: Auf dem Kiem Pauli Weg haben wir etwas Schatten.

19 Zum Riederstein

Beeindruckender Tegernseeblick

mittel · 3 Std. · 440 Hm · 8,1 km

Tourencharakter
Einfacher, gemütlicher Wanderweg

Ausgangs-/Endpunkt
Bahnhof in Tegernsee

GPS-Daten
47.693889, 11.781389

Anfahrt
Auto: Auf der Autobahn A 8 bis zur Ausfahrt Holzkirchen und weiter über Gmund nach Tegernsee. Bus/Bahn: Mit der BOB nach Tegernsee

Einkehr
Berggasthaus Galaun

Karte
Kompass-Wanderkarte 8, Tegernsee, Schliersee, 1:50 000

Information
www.tegernsee.com

Der Riederstein oberhalb des Tegernsees wird geschmückt von einer kleinen Kapelle. Von hier oben genießen wir einen herrlichen Blick über den See. Unterhalb des Kirchleins steht das Berggasthaus Galaun, das ein beliebtes Ausflugsziel ist.

Von Tegernsee Ein schöner Anstieg zum Berggasthaus Galaun am Riederstein leitet vom Tegernsee herauf. Wir starten am Ⓐ **Bahnhof** und wandern zuerst östlich hinein ins Alpbachtal zum Parkplatz. Hier nehmen wir den Weg nach rechts durch den Wald und gehen bergauf, bis wir auf einen breiten Weg treffen. Auf diesem wandern wir nach links über freies Gelände. Wir passieren einen Bauernhof und tauchen nach den Weiden wieder in den Wald ein. Zuerst mündet von links ein Weg ein, dann ignorieren wir eine Abzweigung nach links und spazieren weiter in Richtung Galaun. Der breite Weg wird mit der Zeit etwas steiler und schlängelt sich in ein paar Kurven bergauf bis zu einer Wegkreuzung. Von hier ist es nicht mehr weit bis zum Berggasthaus. Wir gehen geradeaus weiter und erreichen bald das schön gelegene ❶ **Gasthaus Galaun** am Riederstein.

Von Rottach-Egern Ein weiterer, direkter Anstieg führt von Rottach-Egern zum Berggasthaus Galaun. Vom Wanderparkplatz am Ende der Riedersteinstraße wandern wir bergauf zum Wald. Durch diesen steigen wir ziemlich steil bergauf, bis wir an der Wiese unterhalb des Gasthauses herauskommen. Von hier bietet sich uns ein herrlicher Blick hinunter zum Tegernsee. Die gemütliche Hütte mit ihrer sonnigen Terrasse lädt uns jetzt zu einer ausgiebigen Einkehr ein.

Auf den Riederstein Vielleicht packt uns hier oben ja doch der Ehrgeiz, und wir wollen dem kleinen Kirchlein auf dem Riederstein noch einen Besuch abstatten. Hierfür lassen wir uns vom Wegweiser in den Wald hineinschicken. An einer Wegteilung

nehmen wir den ersten Abzweig nach links und folgen nun dem Kreuzweg, der uns steil und schweißtreibend mithilfe von ein paar Stufen bergauf bringt. Wir erreichen den Rücken und gehen nach links. Noch ein paar Meter und wir stehen auf dem ❷ **Riederstein**, direkt neben dem Kirchlein. Viel Platz ist nicht, sodass es an schönen Herbsttagen schon manchmal ziemlich eng wird. Aber die Aussicht hinunter zum Tegernsee ist wirklich fantastisch.

Toller Blick vom Riederstein zum Tegernsee

Um die Knie zu schonen, wandern wir nicht am Kreuzweg zurück zum Berggasthaus Galaun, sondern gehen an der Wegkreuzung noch ein Stück geradeaus in einen kleinen Sattel. Hier nimmt uns ein Weg etwas gemütlicher nach rechts hinunter zum Gasthaus mit. Auf der bekannten Route gehen wir nun zurück zum ❸ **Bahnhof**.

Noch ein Einkehrtipp

Östlich des Tegernsees gibt es noch ein besuchenswertes Berggasthaus: die Neureuth. Wir folgen vom Bahnhof Tegernsee immer den Wegweisern und kommen nach 1.30 Stunden am aussichtsreich gelegenen Berggasthaus an. Der Weg ist nicht sehr weit, für Wandermuffel aber schon ziemlich steil.

An der Strandpromenade von Schliersee

20 Über den Schlierseer Höhenweg

Burgruine, Bergsee und Bauernhofmuseum

leicht | 2.30 Std. | 350 Hm | 6 km

Tourencharakter
Einfache, aber etwas längere Wanderung zum Teil auf kleineren Bergpfaden und breiteren Wegen. Nach der Ruine Hohenwaldeck keine Steigungen mehr. Man sollte viel Zeit für Besichtigungen oder zum Baden mitbringen. Die oben angegebene Weglänge bezieht sich auf den Rückweg über das Westufer. Der Rückweg lässt sich mit dem Schiff, der Bahn oder über das Ostufer verkürzen.

Ausgangs-/Endpunkt
Bahnhof Schliersee

GPS-Daten
47.735657, 11.860466

Anfahrt
Auto: Auf der A 8 bis zur Ausfahrt Miesbach und weiter zum Schliersee. Im Ortszentrum rechts zum Bahnhof, dort gebührenpflichtiger Parkplatz.
Bus/Bahn: Mit der BOB nach Schliersee

Einkehr
Unterwegs keine; mehrere Möglichkeiten in Neuhaus und im Ort Schliersee

Karte
Kompass-Wanderkarte 8, Tegernsee, Schliersee, 1:50 000

Information
www.schliersee.de

Vom Schliersee wandern wir auf einem Panoramaweg über die im Wald versteckte Burgruine Hohenwaldeck nach Neuhaus. Dort erwartet uns das Markus Wasmeier Freilichtmuseum. Nach Lust, Laune und Zeit beenden wir die Tour mit einem Seerundgang oder einer Schifffahrt.

Auf dem Panoramaweg Vom Ⓐ **Bahnhof Schliersee** wandern wir durch die Bahnhofs- und Lautererstraße bis zur großen Seestraße, der wir nach rechts bis zum ❶ **Schlierseer Strandbad** fol-

Im Sommer können wir uns am Ende der Tour im Schliersee erfrischen.

gen. Gegenüber beginnt die Straße nach Unterleiten, wo wir nun der Wegnummer 674 folgen. Die Straße macht eine Linkskurve und wendet sich gleich wieder nach rechts. Wenige Meter weiter halten wir uns dann rechts und steigen auf einem Wanderweg durch den Wald zur Teerstraße empor. Dieser folgen wir weiter bergauf zum ❷ **Bauernhof Oberleiten**, wobei wir erste schöne Aussichten auf den Schliersee genießen. Unterhalb des Hofes biegen wir rechts auf den kleinen Wiesenweg ein, der zwischen den Zäunen verläuft. Dieser Panoramaweg oder besser Trampelpfad liefert eine hinreißende Prachtkulisse. Der See glitzert, das Heu der Wiesen duftet, und über den Schlier-

> *Mein Bade- und Einkehrtipp*
>
> Ein lässiger und cooler Ort für alle Junggebliebenen ist das Strandbad von Schliersee. Im Restaurantpavillon gibt es viele feine Gerichte vom Grill oder aus dem Wok. Dazu einen Gin Chilla, einen speziellen Schlierseer Cocktail, oder ein gut gekühltes Helles zum Sundowner am See …

Mystisch liegt die Burgruine im Wald versteckt.

seer Bergen räkeln sich die Wolken in den bayerischen Himmel. So schön kann Heimat sein.

Da fällt es den weniger motivierten Wanderern schwer, die Tour fortzusetzen. Viel lieber würden wir uns ins Gras legen und den Hummeln beim Brummeln zuhören. Das unter uns liegende Strandbad verlockt obendrein zu einer frühzeitigen Beendigung der Wanderung, aber das merken wir uns definitiv für den Rückweg vor.

Das Markus Wasmeier Bauernhof- und Wintersportmuseum

Das Museum wurde von dem zweifachen Olympiasieger Markus Wasmeier als Privatmuseum gegründet. In dem nachgebauten altbayerischen Dorf mit seinen historischen Bauernhäusern können wir 300 Jahre Geschichte erleben. Das Museumswirtshaus im Wofenhof, der aus Feldkirchen-Westerham stammt, beweist, wie lebendig bayerische Geschichte sein kann (von Ende März bis zum 3. November täglich außer Montag 10 bis 17 Uhr geöffnet).

Zur Ruine   Und so geht es weiter, aber Entwarnung können wir noch nicht geben. Kaum kommen wir in den Wald, steigt der Weg spürbar an. Also Zähne zusammenbeißen und los geht es. Zum Glück ist es schattig. Die ❸ **höchste Stelle** ist jedoch rasch erreicht und nun führt unser Weg im angenehmen Auf und Ab in südlicher Richtung weiter. Dann nähern wir uns einigen Felsen und stehen kurz darauf an der Abzweigung zur ❹ **Burgruine Hohenwaldeck**, die rechts von uns versteckt im Bergwald liegt und im 13. Jahrhundert eine wichtige Rolle spielte. Von der mächtigen Burg sind heute nur noch wenige Mauerreste und Steinquader übrig. Aus dem Tal ist die Burgruine dabei kaum zu erkennen und nur wer sie einmal besucht hat, weiß genau, wo sie liegt. Die Burg selbst wurde bereits im späten Mittelalter durch einen Bergsturz zerstört. Ein weiterer Teil rutschte dann im frühen 19. Jahrhundert ins Tal. Trotzdem können wir uns bei den verbliebenen Resten des sechs bis acht Meter hohen Burgturmes ihre einstige Größe gut vorstellen. Sie vermitteln den Eindruck der Unbezwingbarkeit, auch wenn heute der Bergwald das meiste bedeckt.

Mit das Beste an der Ruine ist die winzige Aussichtskanzel auf einem vorspringenden Felsen. Gut, wer sich daheim oder in Schliersee mit einer Brotzeit eingedeckt hat. Die Kanzel ist der perfekte Platz für ein Gipfelpicknick.

Über den Schlierseer Höhenweg

Nach Fischhausen Nach der Besichtigung steigen wir in ursprünglicher Wanderrichtung entlang des Geschichts- und Naturwanderweges mit vielen Infotafeln zur Burgruine Hohenwaldeck abwärts. Dann verlassen wir den Wald und kommen über den Maxlrainerweg nach ❺ **Fischhausen**. Jetzt müssen wir uns entscheiden. Links lässt sich das nahe ❻ **Markus Wasmeier Freilichtmuseum** besuchen. Wer als Langschläfer gestartet ist, ist unter Umständen bereits zu spät dran. Im Sommer zieht es die Wandermuffel aber sowieso eher nach rechts, auf den direkten Weg zum Schliersee. Gleich am ❼ **Südufer** gibt es eine tolle Badestelle. Unweit und bereits in Sichtweite liegt etwas rechts vom Badestrand die Anlegestelle der Schlierseer Boote.

Sogar ein kleines »Gipfelkreuz« gibt es an der Burgruine.

Eines von ihnen bringt uns zurück an das Nordufer, zur Haltestelle Vitalwelt im Ort Schliersee, von der wir in wenigen Minuten den Ⓔ **Bahnhof** erreichen. Aber Achtung! Bitte das letzte Schiff nicht versäumen, denn auch der Bus fährt nicht ewig und sonst müssten wir auf Schusters Rappen zum Bahnhof von Fischhausen zurückgehen, um mit dem Zug zurückzufahren.

21 Stümpfling und Rosskopf
Gemütlich gegenüber der Rotwand

leicht   2.15 Std.   ↑240 Hm ↓590 Hm   5,9 km

Tourencharakter
Gute Wanderwege auf der Hauptroute. Die Überschreitung des Stolzenberges ist schwieriger und erfordert Trittsicherheit.

Ausgangs-/Endpunkt
Parkplatz der Stümpflingbahn

GPS-Daten
47.659722, 11.857222'

Anfahrt
Auto: Auf der Autobahn A 8 bis zur Ausfahrt Weyarn und weiter über Miesbach und Schliersee zum Spitzingsee.
Bus/Bahn: Mit der BOB nach Schliersee und mit dem Bus zum Spitzingsee

Einkehr
Albert-Link-Hütte (DAV)

Karte
Kompass-Wanderkarte 8, Tegernsee, Schliersee, 1:50 000

Information
www.schliersee.de

Die Berge um den Spitzingsee sind ein beliebtes Wandergebiet südlich von München. Sehr bekannt ist das Rotwandgebiet. Die gegenüberliegende Seite mit Stümpfling und Rosskopf führt dagegen ein wenig ein Schattendasein, weshalb wir hier deutlich mehr Ruhe genießen.

Zum Rosskopf   Wer es ganz gemütlich will, fährt vom ❹ **Parkplatz der Stümpflingbahn** per Bahn zur Bergstation im Sattel südlich des Stümpflings hoch. Wer etwas mehr Ehrgeiz aufbringen möchte, kann auch zu Fuß zur Bergstation hochwandern. Hierfür spazieren wir vom Spitzingsee auf einem breiten Weg und über Skipisten in den Sattel zwischen Stümpfling und Rosskopf. Den Stümpflinggipfel können wir mit gutem Gewissen auslassen. Ein aussichtsreicher Gipfel auf der Runde ist der Ross-

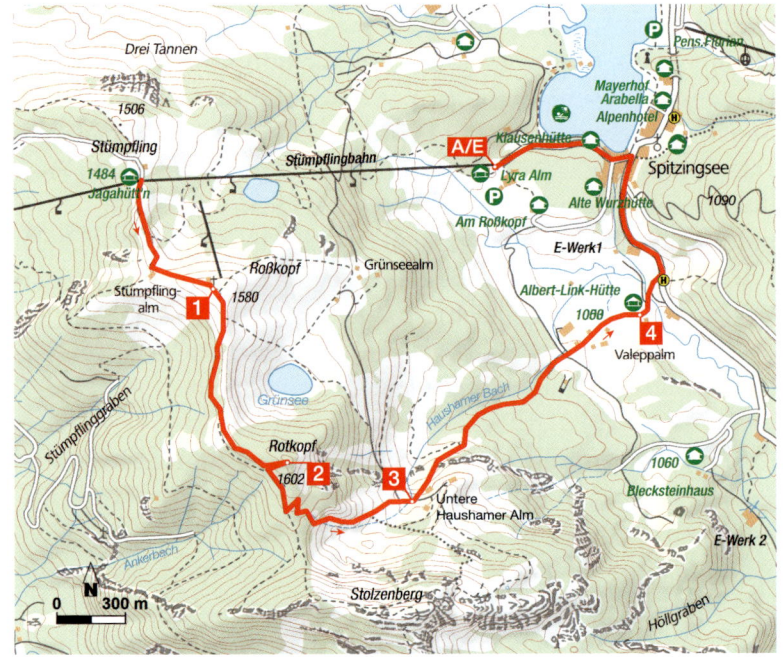

Gemütliches Almgelände in der Nähe des Spitzingsees

kopf, zu dem wir gleich aufbrechen. Von der Bergstation gehen wir in südlicher Richtung und biegen dann nach links ab zum Kamm des ❶ **Rosskopfes** ab. Über diesen kommen wir hinauf zum Gipfel. Oben setzen wir uns am großen Gipfelkreuz gemütlich hin und bewundern die großartige Rundumsicht auf die bayerischen Berge. Besonders beeindruckend ist auf der gegenüberliegenden Talseite der Felszacken des Plankensteins. An schönen Tagen reicht die Sicht aber bis zu den Gletscherbergen am Alpenhauptkamm. Sehr toll ist auch der Blick hinüber zum Karwendelgebirge und dem benachbarten Rofangebirge.

Mein Einkaufstipp

In der Albert-Link-Hütte kann man nicht nur lecker essen, sondern auch gut einkaufen. Im Holzofen gebackenes Bauernbrot, selbst geräucherter Speck, Käse und weitere Leckereien sind im hütteneigenen Shop erwerbbar. Dann lässt sich etwas von dem Flair der Berge auch noch zu Hause genießen.

Der Weiterweg Vom Rosskopf führt ein direkter Abstiegsweg nach links bergab

Immer wieder bieten sich schöne Ausblicke.

zur Grünseealm und über die Haushamer Alm zur Albert-Link-Hütte im Talgrund. Wir empfehlen aber die Runde noch etwas zu verlängern und geradeaus in Richtung ❷ **Rotkopf** weiterzuwandern. Kurz unterhalb des Gipfels führt ein schmaler Steig hinauf zum höchsten Punkt, von dem man einen schönen Blick hinunter zum Grünsee hat.

Für den weiteren Weg gehen wir ein Stück zurück und wenden uns in einen Sattel nach links. Hier halten wir uns wieder nach links zur ❸ **Haushamer Alm** und zur ❹ **Albert-Link-Hütte**. Wer genug hat, wählt nun den Weg hinunter. Dieser führt in einigen Kehren zur Alm und auf einem breiten Weg weiter zur Alpenvereinshütte. Hier haben wir uns dann eine Einkehr verdient. Besonders der karamellisierte Kaiserschmarren ist sehr zu empfehlen. Aber auch viele andere hausgemachte Speisen locken Genießer auf die Albert-Link-Hütte. Die Hütte ist über die Jahre bekannt geworden für leckeres Essen.

Stümpfling und Rosskopf

Nach der Einkehrpause wandern wir über die geteerte Straße zurück zum Südende des Spitzingsees. An der linken Seeseite spazieren wir zurück zur E **Stümpflingbahn-Talstation**.

Variante über den Stolzenberg Wer in dem Sattel zwischen Rothkopf und Rosskopf noch nicht vom Wandern genug hat, kann die Tour noch ausdehnen. Mit dem Stolzenberg gibt es ein nächstes Gipfelziel, das man allerdings auf deutlich schmaleren Wegen erreicht und auch etwas Trittsicherheit erfordert. Vom Sattel, wo es zur Haushamer Alm hinuntergeht, wandern wir durch bewaldetes Gelände geradeaus weiter. Zum Schluss wird der Weg etwas steiler. Immer wieder bieten sich schöne Blicke auf den Tegernsee. Fast schon unbemerkt überschreiten wir dann den höchsten Punkt des Stolzenbergs. Der Abstiegsweg führt über den Osthang hinunter. Das Gelände ist teilweise steil und leicht felsdurchsetzt. Daher müssen wir hier etwas vorsichtig unterwegs sein. In einem Bogen gehen wir nach links zur Haushamer Alm und gelangen von hier wie oben beschrieben schnell hinunter zur Albert-Link-Hütte und zum nahen Spitzingsee.

Ganz unten: Weitläufiger Grat am Roßkopf

Gemütliches Wiesengelände

22 Rotwandhaus und Taubensteinhaus

Klassiker in den Münchner Hausbergen

mittel · 2.30 Std. · 390 Hm · 6,4 km

Tourencharakter
Gute Wanderwege, an einer Stelle etwas schmal

Ausgangs-/Endpunkt
Parkplatz der Taubensteinseilbahn beim Spitzingsee

GPS-Daten
47.659722, 11.920278

Anfahrt
Auto: Auf der Autobahn A 8 bis zur Ausfahrt Weyarn und weiter über Miesbach und Schliersee zum Spitzingsee. Bus/Bahn: Mit der BOB nach Schliersee und mit dem Bus zum Spitzingsee

Einkehr
Rotwandhaus; Taubensteinhaus (beide DAV)

Karte
Kompass-Wanderkarte 8, Tegernsee, Schliersee, 1:50 000

Information
www.schliersee.de

Das Rotwandgebiet zählt zu den beliebtesten Wandergebieten in den Bayerischen Hausbergen. Unterstützt wird man als Wanderer dabei von der Taubensteinbahn, von wo es nicht besonders weit zum Rotwandhaus ist. Auch das Taubensteinhaus lohnt einen Besuch.

Die Rotwand   Einer der bekanntesten Münchner Hausberge ist die Rotwand. Daher herrscht hier gerade an schönen Herbstwochenenden ganz schön viel Betrieb. Am schnellsten gelangen wir zum Rotwandhaus mit der Ⓐ **Taubensteinseilbahn**. Dabei könnten wir noch den ausgesetzten Felsen des Taubensteins mitnehmen – es muss aber auch nicht sein.

Von der Seilbahnstation folgen wir den Schildern hinauf auf einen mit Latschen bewachsenen Fels, ein kurzes ausgesetztes Stück ist mit einem Drahtseil versichert. Nach wenigen Minuten wird es flach, und von hier aus ist es nur noch ein kurzer Abstecher hinauf zum Taubenstein. Jetzt beginnt die aussichts-

Das Taubensteinhaus lohnt zur Einkehr.

Rotwandhaus und Taubensteinhaus

reiche Kammwanderung durch die Südwestflanke des ❶ **Lämpersberges**. Haben wir den Kamm erreicht, der von der Rotwand herunterzieht, öffnet sich der Blick nach Süden bis zum Alpenhauptkamm. Unter den Felsköpfen bringt uns der Weg hinüber zum nahen ❷ **Rotwandhaus**. Von hier ist es nur noch ein kurzer Abstecher zur ❸ **Rotwand**. Von oben genießen wir einen grenzenlosen Rundblick vom Watzmann im Osten über die Hohen Tauern, Zillertaler und Tuxer Alpen bis zu Karwendel und Wetterstein im Westen. Am einfachsten und gemütlichsten für die Knie ist der Weg zur Bergstation und die Rückkehr per ⒠ **Taubensteinbahn**.

Das Taubensteinhaus Wem der Weg zum Rotwandhaus zu weit ist, der kann sich auch mit dem Taubensteinhaus begnügen. Das soll aber kein schlechter Ersatz sein. Der Vorteil der 1936 von der DAV-Sektion Bergbund München erbauten Hütte ist, dass sie in 15 Minuten von der Bergstation der Taubensteinbahn erreichbar ist und ebenfalls eine schöne Lage hat – wenn auch nicht ganz so aussichtsreich wie das Taubensteinhaus. Seit Ende 2017 gibt es neue Pächter auf der Hütte. Martina und Thomas sorgen für das Wohl der Gäste.

> **Mein Badetipp**
>
> Wer an heißen Sommertagen ein kühles Bad möchte, der sollte vom Rotwandhaus ins Großtiefental und weiter zum Soinsee absteigen. Der kleine Gebirgssee bietet eine wunderbare Abkühlung. Für Wandermuffel ist das allerdings ganz schön weit. Dann lohnt doch eher ein Bad im Spitzingsee.

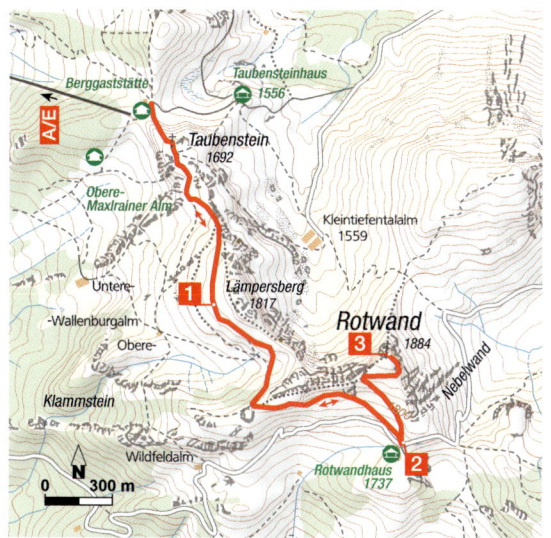

Rückblick vom Rotwandhaus zum Zustiegsweg

Am Wendelsteinhaus bietet sich ein toller Ausblick.

Die Bergwelt von Bayrischzell

23 Auf den Schwarzenberg
Hundhamer Aussichtsberg

leicht | 2.30 Std. | 350 Hm | 6 km

Tourencharakter
Eine Rundtour auf breiten Wanderwegen, Sträßchen und Bergpfaden ohne technische Schwierigkeiten. Der Abstieg verläuft anfangs relativ steil durch einen mit Wurzeln durchzogenen Wald.

Ausgangs-/Endpunkt
Hundham Rathaus

GPS-Daten
47.756025, 11.943876

Anfahrt
Auto: Auf der A 8 bis Ausfahrt Irschenberg, weiter Richtung Miesbach, dann links auf die St 2077 weiter Richtung Bayrischzell. Über Wörnsmühl nach Hundham zum kleinen Rathaus. Dort Parkplätze suchen. Einen alternativen Wanderparkplatz gibt es im nahen Weiler Schwarzenberg, den wir auf der Schwarzenbergstraße erreichen. Bus/Bahn: Mit der BOB über Holzkirchen bis Gmund und weiter mit Bussen

Einkehr
Unterwegs keine; in Hausham Gasthof Alter Wirt

Karte
Kompass-Wanderkarte 8, Tegernsee, Schliersee, 1:50000

Information
www.fischbachau.de

Für einen Wandermuffel ist dieser Berg ein Paradeziel. Unschwer zu ersteigen und mit viel Sonne, eignet er sich bereits im Frühjahr für eine Anfangstour. Am Gipfelkreuz wartet eine herrliche Aussicht, die man hier gar nicht vermuten würde.

Aufstieg mit Variationsmöglichkeit Eigentlich gehört der Schwarzenberg bei Hundham noch zu den Vorbergen. Wir müssen noch nicht einmal weit in die Berge hineinfahren, um ihn zu finden. Mehr Berg für weniger Anfahrt und weniger Höhenmeter geht fast nicht. Dafür starten wir in ❶ **Hundham** und wenden uns am Rathaus in die Schwarzenbergstraße. Nach dem letzten Haus teilt sie sich; wir gehen nach links und steuern den ❶ **Weiler Schwarzenberg** an. Dort wendet sich die Straße scharf nach rechts, wir folgen ihr und passieren den alternativen Wanderparkplatz. Dahinter weist uns ein Wanderschild links zum Schwarzenberg.

Der geteerte Weg steigt gleich steil an. Ab dem letzten Hof säumen ihn knorrige Buchenbäume. Wir umrunden den Berg über seine Südseite und haben bald tolle Ausblicke über das Tal von Fischbachau. Die ersten Rastbänke locken. Wer möchte, kann der Straße bis zum Schullandheim Schwarzenberg auf dem Sattel folgen. Allerdings weist uns ein gutes Stück unterhalb ein Wanderwegschild nach links zum direkten Aufstieg. Dieser spannendere Wanderweg ist steiler und führt über eine Wiese. Beide Wege treffen am ❷ **Schullandheim** zusammen; der Wiesenweg verläuft nur ein Stück hinter dem Haus. Wer der Straße gefolgt ist, hält sich vor dem ersten Gebäude links. Hier beginnt wieder ein breit angelegter Wanderweg, der uns schnell zum Gipfel des ❸ **Schwarzenberges** bringt.

Ein Gipfelkreuz nebst einigen Rastbänken und sogar einem kleinen Tisch zieren den Wiesenhügel. Jetzt nur noch genießen und Augen öffnen! Das Panorama ist wirklich unglaublich schön und überzeugt auch unmotivierte Wanderer.

Der Zaun schützt die Rastbänke und das Gipfelkreuz vor neugierigen Kühen.

Abstieg über die Nordseite Zurück geht es bis zum ❷ **Schullandheim**. Wir umrunden es wieder auf seiner Südseite; die Heimbetreiber bitten darum, nicht durch die Gebäude zu laufen. Dann wenden wir uns nach links (Schild Hundham). An der Hangkante weist uns dann erneut das Schild nach links, abwärts zum Wald. Über einen sehr malerischen dunklen Waldweg geht es flott abwärts. Es dauert nicht lange, dann wird der Weg besser und wir stoßen auf einen breiten Forstweg. Die Schilder weisen uns nun im Zickzack den Weg. Kurz darauf lichtet sich der ❹ **Wald** und mit schöner Sicht auf den Weiler Schwarzenberg und ❺ **Hundham** geht es zurück.

Mein Brotzeittipp

Unbedingt eine Brotzeit mitnehmen. Ein Picknick am Gipfel lohnt sich! Bei der grandiosen Aussicht auf den Wendelstein und Breitenstein und das grüne Leitzachtal schmeckt es doppelt so gut.

Die kleine Leonhardskapelle steht gegenüber dem Hundhamer Rathaus.

24 Zur Kesselalm

Beliebtes Ausflugsziel über Fischbachau

leicht | 2.30 Std. | 430 Hm | 6 km

Tourencharakter
Gute, breite Wanderwege, teilweise steil

Ausgangs-/Endpunkt
Wanderparkplatz Birkenstein bei Fischbachau

GPS-Daten
47.715278, 11.964167

Anfahrt
Auto: Auf der Autobahn A 8 bis zur Ausfahrt Irschenberg und weiter auf der B 472 nach Miesbach. Dort nach links abbiegen und weiter bis Fischbachau, im Ort links hinauf zum Wanderparkplatz Birkenstein. Bus/Bahn: Mit der BOB über Miesbach nach Fischbachau und weiter entweder mit dem Bus oder zu Fuß zum Wanderparkplatz

Einkehr
Kesselalm; Hubertushütte

Karte
Kompass-Wanderkarte 8, Tegernsee, Schliersee, 1:50000

Information
www.fischbachau.de

Die Kesselalm ist ein beliebtes Ausflugsziel in den Bayerischen Voralpen. Die Alm allein ist schon für sich ein lohnendes Ziel. Die Aussicht ist gut, die Einkehr wirklich nett. Und wer mehr will – es locken noch zwei Gipfel.

Zur Kesselalm Ausgangspunkt für diese Wanderung ist der kleine Wallfahrtsort Birkenstein bei Fischbachau. Vom gebührenpflichtigen **A Parkplatz** wandern wir in den nahen Wald hinein. Wir folgen immer dem breiten Wanderweg durch den Wald bergauf. Im unteren Bereich ist der Weg noch sanft ansteigend, später wird er dann teilweise deutlich steiler. Dabei ignorieren wir sämtliche abzweigenden Wege.

Nach einer längeren Rechtsquerung und ein paar Kehren erreichen wir freie Wiesen. Über diese bringt uns der Weg in weite-

Im Sattel unterhalb des Schweinsbergs blickt man zum Wendelstein.

Zur Kesselalm

Blick über sanfte Gipfel nach Norden

ren Kehren hinauf bis zur ❶ **Kesselalm**. Hier ist die Aussicht auf die Umgebung wunderbar. Der letzte Abschnitt in der Sonne hat auch etwas Schweiß gekostet, sodass wir uns die Einkehr wirklich verdient haben.

Der Abstieg Nachdem wir im Anstieg schließlich etwas geleistet haben, können wir ohne schlechtes Gewissen den Rückweg antreten. Dabei folgen wir dem Aufstiegsweg zurück zum ❺ **Parkplatz** bei Birkenstein.

Gipfeltour auf den Breitenstein Er sieht schon verlockend nah aus, der Breitenstein, der sich über der Kesselalm erhebt. Haben wir noch genügend Energie,

Meine Tourvariante

Ein sehr leichter Gipfel ist der Schwarzenberg westlich des Breitensteins (Tour 23). Der Aufstieg ist nicht besonders lang. Am Gipfel bietet sich ein grandioses Panorama auf die Bayerischen Hausberge sowie das Alpenvorland. Wunderschön liegen die blauen Seeaugen in der Landschaft.

dann wollen wir unbedingt den Aufstieg versuchen. Wir gehen auf dem breiten Weg in den Sattel zwischen Breitenstein und Schweinsberg. Hier biegen wir scharf nach links ab und queren hinüber zu einem Hang, der von ein paar Felsen durchsetzt ist. In ein paar Kehren führt der Steig hinauf zur im Sommer bewirtschafteten Hubertushütte. Von hier ist es nicht mehr weit bis

Blick von der Kesselalm ins Tal

Rechts: Hier lässt sich gut wandern!

zum Gipfelkreuz auf dem Breitenstein. Grandios ist die Aussicht von diesem Voralpengipfel. Sie reicht weit nach Norden ins Alpenvorland. Auch zu den umliegenden Berggipfeln der Bayerischen Voralpen genießen wir einen wunderbaren Ausblick. Am beeindruckendsten ist aber der Blick hinüber zum Wendelstein.

Der Abstieg erfolgt am Anstiegsweg. Alternativ können wir auch über den Westgipfel zur Bucheralm absteigen. Über einen Querweg gelangen wir wieder zum Zuweg, der von Birkenstein zur Kesselalm heraufführt. Auf diesem spazieren wir hinunter zum großen Wanderparkplatz.

Zweiter Gipfel Es gibt über der Kesselalm noch einen zweiten Gipfel, den Schweinsberg. Hier ist es deutlich ruhiger als am Breitenstein. Für den Gipfelabstecher wandern wir von der Alm

Zur Kesselalm

kurz bergauf bis zur ersten Wegteilung. Hier wenden wir uns nach rechts und passieren ein Almgebäude. Dahinter wird aus dem breiten Schotterweg ein schmaler Steig, der uns in einen Sattel bringt. Plötzlich erhebt sich eindrucksvoll der Wendelstein vor uns. Allein dieser Ausblick waren die Schweißtropfen wert, die wir vergossen haben. Zum Gipfel geht es auf schmalen

Ganz unten: Majestätisch – der Wendelstein

Auf den Wiesen der Kesselalm

Steigspuren nach links. Ohne besondere Schwierigkeiten erreichen wir den Schweinsberg mit seinem kleinen Gipfelkreuz. Die Aussicht ist hier noch umfassender als vom Sattel. Nach der Gipfelpause wandern wir am Anstiegsweg zurück zur Kesselalm. Alternativ können wir auch vom Sattel nach links in Richtung Aiblinger Hütte absteigen und den Schweinsberg umrunden. Am Rückweg gönnen wir uns dann auf alle Fälle eine Einkehr in der Kesselalm. Schließlich haben wir uns durch die Gipfel eine gemütliche Pause verdient.

25 Auf den Wendelstein

Beherrschender Gipfel des Mangfallgebirges

leicht | 1 Std. | 150 Hm | 1,8 km

Tourencharakter
Einfacher Rundweg, teilweise gut ausgebaut

Ausgangs-/Endpunkt
Parkplatz der Wendelsteinbahn in Osterhofen

GPS-Daten
47.466667, 11.136389

Anfahrt
Auto: Auf der Autobahn A 8 München–Salzburg bis Weyarn. Weiter über Miesbach und Schliersee nach Osterhofen. Bus/Bahn: Mit der BOB über Schliersee nach Osterhofen

Einkehr
Wendelsteinhaus

Karte
Kompass-Wanderkarte 8, Tegernsee, Schliersee, 1:50000

Information
www.bayrischzell.de

Der Wendelstein ist sicherlich der markanteste Berg in den Bayerischen Voralpen. Selbst von der Autobahn München–Salzburg beeindruckt seine Gestalt. Zwei Bergbahnen erlauben einen schnellen Zustieg und oben wartet ein großartiges Panorama.

Zwei Bahnen zum Wendelstein So mächtig der Wendelstein auch aussieht, so einfach ist er zu erreichen, führen doch zwei Bergbahnen bis knapp unterhalb des Gipfels. Der Bau der Zahnradbahn geht auf den Industriellen Otto von Steinbeis zurück. Bereits 1908 veröffentlichte er seine Pläne zum Bau der Bahn. 1910 setzte dann Prinzregent Luitpold die Unterschrift unter die Urkunde zu ihrem Bau. Am 25. Mai 1912 wurde die Bahn eingeweiht. Im Jahre 1922 verkürzte man die Bahn und verlegte sie vom Bahnhof in Brannenburg etwas weiter bergwärts. Da die Bahn immer defizitär blieb, entschied man sich, 1970 eine Seilbahn von Osterhofen bei Bayrischzell auf den Wendelstein zu bauen. Diese sollte die Zahnradbahn langfristig ablösen. Dazu kam es aber nicht. Man erkannte deren Wert für den Tourismus und sanierte sie. Heute hat sich die Fahrzeit bergauf auf 25 Minuten verkürzt, sodass

die Züge im Halbstundentakt fahren können. Somit kann man heute als Wanderer gemütlich den Wendelstein erreichen.

Der Wendelstein Von der **A Wendelsteinbahn-Talstation** fahren wir mit der Gondel hinauf zum gut erschlossenen Wendelsteingipfel. Unweit der Bergstation der Wendelsteinbahn steht das Wendelsteinhaus, das nach dem Gipfelbesuch zur Einkehr einlädt. Das berühmte Wendelsteinkircherl – nebenan fotogen auf einer Anhöhe – ist ebenfalls einen Besuch wert. Es wurde 1889 erbaut und diente schon einigen Paaren als hoch gelegenes, romantisches Hochzeitskircherl. Es ist die höchstgelegene Kirche Deutschlands. Höher gelegene Gotteshäuser sind allesamt nur Kapellen. Am Gipfel selbst steht eine Sternwarte, eine ehemalige Wetterwarte, die Wendelsteinkaplle St. Wendelin sowie eine Sendeanstalt des Bayerischen Rundfunks. Über einen betonierten Weg und über viele Stufen steigen wir hinauf zum Gipfel, der trotz der Verbauung sehr lohnend ist. Durch seine exponierte Lage bietet der ❶ **Wendelstein** eine großartige Aussicht auf das Alpenvorland. Sehr beeindruckend ist aber auch der Blick zum Kaisergebirge, das auf der anderen Seite des Inns steht. Weiter hinten grüßen die vergletscherten Gipfel der Zentralalpen.

Die Zahnradbahn fährt von Brannenburg zum Wendelstein.

Auf einem Panoramaweg können wir noch den Gipfel ein wenig umrunden und die großartige Kulisse genießen. Anschließend kehren wir wieder zurück zur Bergstation der beiden Bahnen und genießen eine leckere Brotzeit auf der Panoramaterrasse des Wendelsteinhauses. Lohnenswert ist auch ein Besuch der Wendelsteinhöhle. Die Karsthöhle befindet sich direkt beim Bergbahnhof der Zahnradbahn. Sie ist die höchstgelegene Schauhöhle in Deutschland. Von der 523 Meter langen Höhle können 170 Meter begangen werden.

Mein Einkehrtipp

Eine wirklich schöne Wanderung mit Einkehrmöglichkeit ist die Tour zur Kesselalm (Tour 24) unterhalb des Breitensteins. Von hier könnte man auch noch zum Wendelstein weitergehen, das ist für Wandermuffel aber schon zu weit.

Abstieg zu Fuß Wer doch ein wenig mehr wandern möchte, der kann auch zu Fuß vom Wendelstein absteigen. Der Abstieg hinunter nach ❺ **Osterhofen** ist aber ziemlich steil und dauert mindestens zwei Stunden. Der Weg verläuft über die Wendelsteinalmen und Hochkreut. Dabei müssen wir einen Höhenunterschied von etwas mehr als 1000 Höhenmetern überwinden. Daher möchten wir den Weg wirklich nur »fitten Wandermuffeln« empfehlen, die am Gipfel einfach Lust auf etwas mehr Bewegung bekommen haben.

26 Zur Mariandlalm
Das Knödelparadies unter dem Trainsjoch

 leicht   3 Std.   350 Hm   5,2 km

Tourencharakter
Einfache Wanderung mit anfangs steilerer, dann mäßiger Steigung auf kleinen Forststraßen und Bergpfaden. Verlängerung der Wanderung über den Nesselberg ist möglich.

Ausgangs-/Endpunkt
Wanderparkplatz Mariandlalm

GPS-Daten
47.605098, 12.019053

Anfahrt
Auto: Über die Salzburger Autobahn A 8 bis zur Ausfahrt Weyarn, auf der B 307 über Miesbach, Schliersee nach Bayrischzell, dort rechts ins Ursprungtal Richtung Thiersee. Ca. 800 m nach dem Ursprungspass, gleichzeitig die Grenze zu Tirol, gibt es auf der rechten Seite einige Parkplätze. Bus/Bahn: Mit der BOB bis Bahnhof Bayrischzell, weiter nur mit Taxi

Einkehr
Mariandlalm, von 1. Mai bis 31. Oktober Montag Ruhetag, von 1. November bis 30. April Montag, Dienstag und Donnerstag Ruhetag, bei ganz schlechtem Wetter geschlossen

Karte
Kompass-Wanderkarte 8, Tegernsee, Schliersee, 1:50000

Information
www.bayerischzell.de

Ins Knödelparadies führt nun mal kein Lift. Der Weg hinauf zur Mariandlalm ist aber weder anstrengend noch schwer. Und spätestens beim Stamperl Schnaps der Wirtin hört das Jammern dann sowieso auf.

Zu den Trockenbachalmen   Wer sein Fahrzeug erfolgreich auf den gerade in der Ferienzeit raren Ⓐ **Parkplätzen** untergebracht hat, folgt einfach auf der gegenüberliegenden Straßenseite der kleinen Forststraße in östlicher Richtung. Die Mariandlalm bzw. die Trockenbachalmen sind bereits ausgeschildert. So geht es

Zur Mariandlalm

zunächst für gute 15 Minuten ins Trockenbachtal hinein, wobei wir zügig an Höhe gewinnen. Dann zweigt nach links ein kleinerer ❶ **Wanderweg** ab, den wir nehmen (Schild Mariandlalm). Auf dem anderen, größeren Weg werden wir später zurückgehen. Jetzt wandern wir den Hang entlang; dann wendet sich der Weg nach rechts und wir kommen auf freie Almwiesen. Hinter unserem Rücken liegen die ersten schönen Aussichten. Schnell erreichen wir die ❷ **Unteren Trockenbachalmen** und sehen schon die darüber liegende Obere Alm, die Mariandlalm, unser heutiges Ziel. Die unteren drei alten Almgebäude liegen idyllisch in einem Wiesenkessel. Unser schmaler

Linke Seite: Der Tiroler Adler weht über der Terrasse der Mariandlalm.

Unten: Grenzgängerin im Niemandsland

Die Mariandlalm

Sogar im Winter ist die Mariandlalm ein begehrtes Ausflugsziel. Der Weg zu ihr ist gleichzeitig eine beliebte Rodelstrecke. Von der Terrasse haben wir einen schönen Blick hinüber zum Thalerjoch und Hinteren Sonnwendjoch (Tour 27). Vom Nesselberg ist die Sicht sogar noch besser und reicht von den Bergen um den Tegern- und Spitzingsee über die Blauberge bis zu den Zillertaler Alpen.

Wanderweg touchiert fast die größere Almstraße, auf die wir natürlich ausweichen könnten.

Schmetterlinge im Almenglück Spannender und schöner ist jedoch der Wiesenpfad, dem wir weiter folgen. Mit etwas Geduld lassen sich hier Murmeltiere ausmachen. Ihre spitzen Warnrufe, die einem Pfeifen gleichen, sind eigentlich nicht zu überhören. Überdies blühen hier im späten Frühjahr zahlreiche Bergblumen, die von vielen Schmetterlingen besucht werden. Noch einmal queren wir die Almstraße und sparen uns eine ihrer Serpentinen, dann treffen wir wieder auf sie und wandern rechts das letzte Stück zur ❸ **Mariandlalm**, wo wir bestimmt noch einen Platz ergattern und einkehren können.

Eigentlich heißt die Mariandlalm »Obere Trockenbachalm« und als solche ist sie auch noch in einigen Karten verzeichnet. Sie ist jedoch seit vielen Generationen in Familienbesitz und ihren jetzigen Namen hat sie von der Mutter der heutigen Hüttenwirtin. In der ganzen Umgebung hieß es immer: »Lass uns zu Marias Alm hinaufgehen« – und so setzte sich der neue Name durch.

Die hiesige gute Tiroler Küche ist natürlich weithin bekannt und nachdem der Weg nicht besonders anstrengend und kompliziert ist, kommen viele Knödelliebhaber auf die Mariandlalm. Besonders beliebt sind die Tiroler Kaspressknödel, aber auch der selbst gemachte Apfelstrudel ist äußerst fein. Und mit einem Nuss- oder Marillenschnaps, dem Gruß aus der Küche, sind wir dann beim gemütlichen Teil der Wanderung angekommen. Wobei wir völlig vergessen haben, die gigantische Aussicht von der großen Terrasse vor der Alm zu erwähnen. Die darf natürlich nicht vernachlässigt werden. Alles in allem rundum ein Hochgenuss – eben ein echtes Paradies.

Die tausend Schritte Wer nach dem Essen seine üppige Kalorienzufuhr lieber etwas senken möchte, kann, statt sich auf der Almwiese auszuruhen, noch tausend Schritte tun. Mit einem

leichten Bergaufschwung können wir die Wanderung durch eine kleine Rundtour auf den Nesselberg verlängern. Dafür folgen wir am Schilderbaum oberhalb der Terrasse der Beschilderung Richtung Nesseltal. Es geht links den Wiesenhang hoch, bis sich der Weg kurz unterhalb des Bergkamms teilt. Hier wählen wir den rechten Weg – von links kommen wir später zurück. Wir erreichen nach wenigen Höhenmetern den Bergrücken und eine erneute ❹ **Wegteilung**. Wir bleiben nun links und wandern genussvoll entlang der ❺ **bayerisch-tirolerischen Grenze** am Nesselberg von Grenzstein zu Grenzstein. Bevor sich der Weg senkt, um rechts ins ausgeschilderte Nesseltal zu führen, sehen wir links einen Durchschlupf zwischen den Bäumen (kleines Wanderschild am Baum). Diesem folgend, kommen wir wieder auf die Südseite des Nesselbergs, steigen ein paar Höhenmeter hinunter und folgen nun links dem Weg zurück zur vorher erwähnten Abzweigung. Von dort geht es dann auf gleichem Weg wieder in wenigen Minuten hinunter zur ❸ **Mariandlalm**.

Üppige Geranienpracht auf der Mariandlalm

Ganz oben: Das Hintere Sonnwendjoch vom Nesselberg aus

Rückweg Egal ob mit oder ohne die Ehrenrunde über den Nesselberg: Von der Mariandlalm machen wir uns auf den Rückweg zum ❺ **Ausgangspunkt**. Dafür wählen wir entweder den Hinweg oder folgen nun ausschließlich der kleinen Almstraße, was nicht nur knieschonender ist, sondern sich auch nach einem vielleicht zu reichlichen Genuss der vielen Mariandlalm-Schnapserl anbietet.

27 Aufs Hintere Sonnwendjoch

Murmeltier, Almkäse und eine Parade-Gipfelschau

mittel | 3.15 Std. | 650 Hm | 9 km

Tourencharakter
Sehr sonnige (kein Wald!) Bergwanderung meist auf breiten Almstraßen und Wegen, nur der letzte Gipfelanstieg ist etwas steiler und anstrengender.

Ausgangs-/Endpunkt
Parkplatz an der Ackernalm

GPS-Daten
47.585731, 11.954734

Anfahrt
Auto: Auf der Salzburger Autobahn A 8 bis Ausfahrt Miesbach und weiter über Schliersee nach Bayrischzell, dort rechts ins Ursprungtal Richtung Thiersee. Kurz nach dem österreichischen Grenzübergang rechts ausgeschildert zur Ackernalm in das Stallenbachtal, 4 Euro Maut. Bus/Bahn: Keine Möglichkeit

Einkehr
Ackernalm (Berggasthof mit Blick auf das Kaisergebirge); kleine Käserei liegt direkt am Wegrand

Karte
Kompass-Wanderkarte 28, Vorderes Zillertal, 1:50 000

Information
www.thiersee.at

Regentropfen hängen auf dem Trauben-Steinbrech.

Das Hintere Sonnwendjoch ist ein begnadeter Aussichtsberg. Einzigartig, bis weit in die österreichischen Gletscherberge hinein reihen sich die Spitzen und Zinnen der Alpengipfel, die für uns Parade stehen. Unser Bergsteigerherz jubiliert, denn obendrein starten wir bereits auf angenehmer Höhe.

Beginn auf 1350 Metern   Los geht es vom Ⓐ **Parkplatz der Ackernalm**, der bereits auf 1350 Metern liegt und uns damit einen leichten Start bietet. Wir steigen auf dem geteerten Sträßchen bergauf, das an der Käserei, einigen Almen und einer malerischen Wegkapelle vorbeiführt. Bereits auf dem Weg ist die Aussicht wunderschön, allerdings muss man sich umdrehen, um den Blick zu genießen.

Nach gut 20 Minuten erreichen wir die Steinkaseralm. Die Abzweigung rechts zum Sonnwendjoch lassen wir noch unbeachtet. Von dort kommen wir auf dem Rückweg zurück. Weiter geht es auf der Almstraße und bald sehen wir die zwei Bärenbadalmen. Kurz bevor wir sie erreichen, weist uns die Beschilderung »Hinteres Sonnwendjoch« nach rechts auf einen ❶ **Bergpfad.** Nach wenigen Höhenmetern stoßen wir wieder auf einen breiten Almweg, dem wir nun nach rechts folgen. Dem breiten und damit etwas langweiligen Weg zum Trotz gibt es unglaublich viel zu schauen. Außerdem verschont uns die breite Straße verlässlich von jeglichen Tiefblicken, die Schwindelanfälle oder Höhenängste verur-

Aufs Hintere Sonnwendjoch

sachen könnten. Obendrein genießen wir es, nebeneinander zu marschieren; das ist dann doch deutlich kurzweiliger. Am Ende der Fahrstraße geht es richtig aufwärts. Zwischen den Felsblöcken können wir einige Murmeltiere entdecken, die dankenswerterweise durch laute Pfiffe auf sich aufmerksam machen. Sie sind mit ihrem Fell so gut zwischen den Felsen getarnt, dass wir sie schlicht übersehen würden. Bald taucht hoch über uns das Gipfelkreuz auf. Unser Pulsschlag schraubt sich bis dorthin noch ganz schön in die Höhe, denn wir sind bereits auf knapp 2000 Meter Höhe und die hohen Stufen am Weg tun ihr Übriges.

Herrliche Aussicht über das Thierseetal auf den Wilden Kaiser

360°-Panorama-Gipfel Dann haben wir es geschafft und stehen am Gipfel des ❷ **Hin-**

teren Sonnwendjoches. Jetzt verschnaufen, die Brotzeit auspacken und verzehren und einfach die 360-Grad-Panoramaschau genießen! Der Berg fällt auf seiner Nordseite steil ab. Wir halten sicherheitshalber genügend Abstand, die Fernsicht wird deswegen nicht schlechter. Unser Panoramablick beginnt am Wendelstein, der mit seinen Antennenanlagen eindeutig markiert ist. Nach links reicht unser Blick hinaus bis nach München, dann folgen die Schlierseer und die Tegernseer Berge. Vom Guffert, dem Rofan und dem Karwendel im Hintergrund geht es zu den Stubaier und Zillertaler Alpen mit dem großen Olperer. Im Süden wird der Horizont von den Gletscherbergen der Hohen Tauern wie Großglockner und Großvenediger begrenzt. Die Spitze des Kitzbüheler Horns ist ebenfalls von einer Antenne markiert; von ihm aus sind auch der Zahme und der Wilde Kaiser schnell gefunden.

Bei diesem Gipfelreigen ist uns die Gamsherde, die sich nur gut 150 Meter tiefer am Hang bewegte, erst gar nicht aufgefallen – wobei wir eine Garantie für ihre Anwesenheit leider nicht geben können. Nach einer verdienten Gipfelbrotzeit machen wir uns auf den Rückweg.

> ### Murmeltierleben
>
> Murmeltiere leben in Gruppen und graben ihre Wohnhöhlen in den Almboden. Mit einem schrillen Warnpfiff verraten sie ihre Standplätze. Im Sommer vermeiden sie die Hitze und bleiben tagsüber lieber unter der Erde. Sie besitzen kaum Schweißdrüsen und können auch nicht über die Zunge hecheln. Das ist wohl auch ein Grund, warum sie sich als Lebensraum die kühlere Zone zwischen 1500 und 2500 Metern (oder höher) gesucht haben.

Ackernalm-Souvenir Für den Abstieg geht es erst ca. 50 Höhenmeter auf dem Hinweg abwärts. Am ersten Wanderschild, auf das wir jetzt treffen, halten wir uns nun geradeaus und folgen dem Schild zur Frommalm. Wir passieren in sicherer Entfernung den steilen Einschnitt des ❸ **Burgsteins** und finden dann geradeaus einen Durchstieg durch eine Scharte. Dahinter beginnt die Zone der niedrig wachsenden Latschen, durch die unser Weg führt. Weiter abwärts erreichen wir dann wieder eine Almstraße. Links konnte man früher über die Frommalmen direkt absteigen. Der Weg wird aber ab den Almhütten nicht mehr gepflegt und führt überdies sehr steil in der Direttissima durch felsiges Gelände nach unten. Einfacher und sicherer gehen wir deshalb nach rechts und können nach einem Viehgatter

Aufs Hintere Sonnwendjoch

noch einmal links auf einen kleinen Bergpfad ausweichen. Dann treffen wir an der ❹ **Steinkaseralm** wieder auf den bekannten Hinweg, dem wir links zurück zum Parkplatz folgen. Der versierte Wanderer und genauso der Wandermuffel wissen die sich neu ergebenden Ausblicke zu schätzen. Die Berge verändern ihr Gesicht abhängig von der Tageszeit gewaltig.

Bevor wir dann endgültig wieder am ❺ **Parkplatz** sind, lohnt sich ein Besuch in der kleinen Genossenschaftskäserei. Hier können wir sowohl frischen als auch gut gelagerten Bergkäse oder selbst gemachte Butter kaufen, wobei wir wissen, dass alles von den Kühen stammt, denen wir heute auf den Almwiesen begegnet sind. Wenn wir dann ein paar Tage später den Käse essen, werden die schönen Stunden auf dem Sonnwendjoch wieder wach.

Ganz unten: An den Ackernalmen scheint dann schon wieder die Sonne.

Nicht aus allen Brunnen kann man trinken!

Friedlich grasen Kühe vor der Wirtsalm.

Links und rechts des Inntals

28 Zur Wirtsalm

An frischer Luft und kühlem Wasser

leicht | 0.45 Std. | 100 Hm | 3 km

Tourencharakter
Eine sehr leichte Wanderung auf Forstwegen und Almsträßchen. Der kleine Abstecher über den Jenbach-Wasserfall führt über schmale rutschige Steige. Hier helfen Wanderstöcke, und es ist etwas Trittsicherheit erforderlich.

Ausgangs-/Endpunkt
Wanderparkplatz Oberes Jenbachtal

GPS-Daten
47.738326, 12.017126

Anfahrt
Auto: Auf der A 8 bis Ausfahrt Bad Aibling. Dort rechts nach Bad Feilnbach und gleich nach der Überquerung des Jenbachs links. Dieser Straße folgen (sie wird zur kleinen Almstraße) bis zum oberen Jenbachparkplatz.
Bus/Bahn: Mit der Bahn nach Bad Aibling, dann mit dem Bus zur Haltestelle Ortsmitte in Bad Feilnbach und weiter mit dem Taxi

Einkehr
Wirtsalm; mehrere Gaststätten in Bad Feilnbach

Karte
Kompass-Wanderkarte 182, Isarwinkel, 1:50000

Information
www.bad-feilnbach.de

In einem kleinen Wiesenkessel liegt an der Nordseite des Wendelsteins die Wirtsalm. Schöne Aussichten auf Breitenstein oder Farrenpoint sind garantiert und als Schmankerl winkt ein spannender Weg durch die Jenbachklamm.

Wenig Aufwand – großer Erfolg Wir geben es gerne zu, als Bergtour im eigentlichen Sinn kann man den Weg zur Wirtsalm wirklich nicht bezeichnen. Es ist schlicht und einfach ein Spaziergang an der frischen Luft. Diese ist dafür klar und sauber, genauso wie sie am Berg sein soll. Für Wandermuffel ist die Länge geradezu perfekt, mit wenig Aufwand kann man größtmöglichen Erfolg haben.

Wir beginnen also am oberen ❶ **Parkplatz im Jenbachtal** und folgen der Almstraße ein kurzes Stück. Die Straße teilt sich, wir halten uns rechts über die Almwiesen. War man während der Auffahrt noch größtenteils im Wald unterwegs, wandern wir nun plötzlich in einem weiten Almgebiet. Die mächtige Hochsalwand vor uns lässt den Wendelstein mit seinen Antennen eben noch vorspitzen.

Noch einmal geht es dann durch ein Waldstück, neben uns plätschert friedlich der Jenbach. Wir passieren die Abzweigung zur Hillsteineralm an einer Brücke, kurz danach weist uns rechts ein Schild zur Wirtsalm über einen kleineren Pfad aufwärts. Fünf Minuten später haben wir die ❶ **Wirtsalm** erreicht und genießen die sonnige Terrasse. Zwei mächtige Ahornbäume spenden im Sommer Schatten. Mit Kaf-

fee und Kuchen verwöhnt, registrieren wir einmal mehr: Auch wenig Aufwand kann zu Erfolg führen. So genießen wir die Berge und die Alm ausgiebig, bevor wir dann wohl oder übel unsere Plätze für den Rückweg räumen. Wir verlassen mit Blick auf Wendelstein und Breitenstein die Wirtsalm auf ihrer Zufahrtsstraße. So kommen wir in einem Bogen zurück zur ❷ **Almstraße**, der wir nun nach links folgen.

Lohnender Abstecher Kurz bevor wir wieder am oberen Parkplatz sind, lockt uns noch ein Schild nach rechts zum Jenbachsteig und zum Wasserfall. Das Schild »Nur für Geübte, Trittsicherheit erforderlich« lässt uns zunächst zusammenzucken und fast zur Umkehr bewegen. Aber der Weg lohnt sich wirklich und schwierig ist er nur bei Nässe. So steigen wir steil ins Jenbachtal hinab und erreichen zuerst den donnernden ❸ **Jenbachfall**. Direkt neben dem Bach beginnt dann ein kleiner Steig, der über Felsen, Stufen, Gitterroste und Holzbohlen leicht bergab führt. Neben uns zwängt sich der Bach in ein immer enger werdendes Bett und umspült gewaltige Felsen. Tiefgrüne Gumpen haben sich gebildet – die Kraft des Wassers kann man förmlich spüren. Viel zu schnell ist der Zauber vorbei und wir folgen links aufwärts der Beschilderung zurück zum Parkplatz. Oben treffen wir auf die kleine Teerstraße, der wir nur für wenige Minuten nach links zum oberen ❺ **Parkplatz** folgen.

Die Wirtsalm hat nur von Mai bis Oktober geöffnet, und Dienstag ist Ruhetag.

Ganz oben: Wohl bekomm's!

29 Auf den Petersberg
Die frühe Geschichte Bayerns

leicht | 3.00 Std. | 360 Hm | 6 km

Tourencharakter
Einfache Bergwanderung mit viel Schatten auf Bergstraßen und Bergpfaden

Ausgangs-/Endpunkt
Wegverzweigung unter der Ruine Falkenstein/Flintsbach

GPS-Daten
47.717531, 12.128121

Anfahrt
Auto: Über die Autobahn A 8 in Richtung Salzburg und die Inntalautobahn A 93 zur Ausfahrt Brannenburg, weiter nach Degerndorf/Brannenburg und bei der großen Ampelkreuzung links nach Flintsbach. Dort rechts über den Astenweg und den Petersbergweg zur Wegverzweigung am Bergwald. Rechts zum Parkplatz am Petersbergweg. Bus/Bahn: Mit dem Meridian über Rosenheim bis Flintsbach im Stundentakt, zum Ausgangspunkt zusätzlich 15 Min. Gehzeit. Oder mit RVO-Bus von Rosenheim bis Flintsbach (Feuerwehrhaus), zusätzlich 10 Min.

Einkehr
Berggasthaus Petersberg, ganzjährig geöffnet

Karte
Kompass-Wanderkarte 8, Tegernsee, Schliersee, 1:50 000

Information
www.flintsbach.de

Freunde langer Fußwege sind wir nicht, doch manchmal nehmen wir sie in Kauf: Die Ruine Falkenstein, die romanische Kirche am Petersberg, die weite Aussicht und schließlich ein Berggasthof vom Feinsten sind die Highlights dieser Tour ...

Zur Ruine Falkenstein Als Autofahrer gehen wir vom großen Wanderparkplatz unter der Rachelwand in Flintsbach an die Stelle zurück, an der wir mit dem Auto nach rechts zum Parkplatz hin abgebogen sind, und definieren diesen Punkt als den **Ⓐ Ausgang** unserer Wanderung. Dann wählen wir die für den

öffentlichen Verkehr gesperrte Bergstraße in Richtung Petersberg. Vor uns steht schon die Ruine Falkenstein mit ihrem zinnengekrönten Bergfried, der heute noch bewohnt ist. Wie groß und damit mächtig diese Burg einst war, sieht man erst, wenn man auf dem kleinen Weg unterm **❶ Bergfried** das umfriedete Burgareal betritt.

Weiter zum Petersberg Wir wandern auf der Bergstraße weiter. Nach zwei Serpentinen folgt eine Rechtskurve und damit gehen wir auf einen Bergrücken zu, auf dem die Vorgängerin der Burg Falkenstein, die Rachelburg, einst stand. Nach ein paar Metern und einer Linkskurve sieht man diesen Bergrücken rechter Hand deutlich durch den Wald herüberschauen. Von der Burg sind aber nur noch ganz wenige Mauerreste übrig, sie zu suchen lohnt sich nur für Burgenforscher. An unserer linken Seite geht es steil am Nordhang des Petersbergs nach oben. Wir wandern also die Bergflanke entlang zu einer scharfen Linkskurve. Hier zweigt ein Weg rechts ab, den wir später zurückwandern werden. Wir stehen jetzt in dem Einschnitt zwischen Petersberg und der Maiwand, die hoch über uns als steiler Felszacken in den Himmel ragt. Noch ein paar Meter, dann gehen wir links in steilen Serpentinen aufwärts zu unserem Ziel, dem ❷ **Petersberg**. Ganz vorne an der Bergkante steht die romanische Bergkir-

Hinter dem Burgfried erhebt sich der Petersberg.
Ganz oben: Die Burgruine Falkenstein
Linke Seite: Das Petersbergkirchlein

che, die dem hl. Petrus geweiht ist. Unser Blick schweift über das Inntal hinüber zum Kranzhorn, Heuberg und Samerberg. Dann folgen über dem buckeligen Voralpenland der Simssee und im Hintergrund der Chiemsee. Im Norden dominiert die Kreisstadt Rosenheim und direkt unter uns schauen wir auf den Inn mit Flintsbach. Jetzt sollten wir uns aber umdrehen und die Radlermaß oder die Brotzeit auf den Bierbänken vor der alten Propstei genießen, die zum Berggasthof Petersberg geworden ist. Vielleicht denken wir daran, dass hier genau an dieser Stelle schon vor Hunderten von Jahren Mönche saßen, die sicher auch einen guten Schluck nicht verachteten.

> ## Die Falkensteiner
>
> Von der Rachelburg stammt das im Mittelalter bedeutende bayerische Adelsgeschlecht der Falkensteiner, deren Besitzungen bis nach Niederösterreich reichten. Irgendwann nach 1272 wurde die Burg zerstört. Ihr Wiederaufbau erfolgte weiter unten im Tal, wo heute die Ruine Falkenstein steht. Bereits ab dem 16. Jahrhundert verlor die Burg an Bedeutung. Sie verfiel zur Ruine und erinnert aber immer noch an dieses mächtige Geschlecht.

Die Kirche mit ihrem wuchtigen romanischen Portal steht in der Regel für Besucher offen. Obwohl sich hier die Stilrichtungen von der Romanik bis zum Barock scheinbar wahllos mischen, macht der Innenraum einen geschlossenen Eindruck, in dem nicht Hektik, sondern Ruhe dominiert.

Zurück über den Wagner am Berg Um den Rückweg etwas spannender zu gestalten, nehmen wir zunächst nicht die Straße, auf der wir gekommen sind, sondern den kleinen, aber steilen Steig, der hinter dem Gasthaus beginnt und sich mit einigen Serpentinen am Hang entlangschlängelt. Unter uns steht der »Bauer am Berg«, der in seiner heutigen Form aus dem frühen 19. Jahrhundert stammt. Der Hof gehörte früher zur Propstei und versorgte die Mönche mit den lebensnotwendigen Nahrungsmitteln. Wir stoßen auf die ❸ **Straße**, wenden uns nach rechts, passieren die Abzweigung auf den Petersberg und gehen an der Rechtskurve der Straße geradeaus abwärts. Nach zwei weiten Schleifen, geleitet durch Wegweiser oder Markierung, sehen wir rechter Hand eine große ebene Wiese. Sie liegt direkt unter der Rachelwand mit den letzten Mauern der Rachelburg. Ausgrabungen haben gezeigt, dass

Auf den Petersberg

auf dieser Wiese schon während der Bronzezeit, also vor mehr als 3000 Jahren Menschen gelebt haben. Die Rachelburg soll bereits im 10. Jahrhundert erbaut worden sein, 1296 wurde sie nach dem Aussterben der Stammlinie der Falkensteiner zerstört. Wir verlassen die Gedanken an die alte Burgenherrlichkeit und wandern auf unserem Pfad weiter zu einem ehemaligen ❹ **Bauernhof**, der heute in Privatbesitz ist. Dieser einsame Hof heißt »Wagner am Berg«. Es war tatsächlich eine Wagnerei. Da stellt sich schon die Frage, was macht hier oben am Berg, weitab von jeder Straße, eine Wagnerei. Ganz einfach, dieser Handwerker reparierte keine Wagen, sondern baute neue. Diese waren damals immer zerlegbar, er konnte die Teile mit Lasttieren nach unten bringen, dort zusammenbauen und dem Käufer übergeben.

Unser Weg macht nochmals eine große Schleife, dann stehen wir wieder unten an der Straße, der wir nach rechts zum Parkplatz bzw. zur ❺ **Wegkreuzung** folgen. Bus- oder Bahnfahrer biegen links in die Maiwandstraße ein, die uns zur Kufsteiner Straße bringt, von der wir auf dem bekannten Weg zurück zum Bahnhof gehen.

Die Kirche auf dem Petersberg thront nicht weit über Flintsbach.

30 Auf das Kranzhorn
Zwei Kreuze und eine Jausenstation

mittel | 3 Std. | 500 Hm | 8 km

Tourencharakter
Leichte Wanderung; der Aufstieg zur Hütte erfolgt auf einer kleinen Almstraße, der Weg zum Gipfel und der Abstieg über schmale Bergpfade. Der Gipfel ist nur etwas für Schwindelfreie.

Ausgangs-/Endpunkt
Parkplatz am Erler Berg

GPS-Daten
47.695655, 12.204255

Anfahrt
Auto: Auf der A 8 in Richtung Salzburg, vor Rosenheim auf die A 93 Richtung Kufstein bis zur Ausfahrt Nußdorf und nach Nußdorf, dort erneut rechts nach Österreich bis Erl. Nach der Kirche links ab, nach einigen Serpentinen bergauf an der Weggabelung links, weiter bergauf, dann im Wald erneut links auf den gebührenpflichtigen Parkplatz.
Bus/Bahn: Keine Verbindung

Einkehr
Kranzhornhütte, geöffnet von Anfang Mai bis Anfang November

Karte
Kompass-Wanderkarte 10, Chiemgau, 1:50000

Information
www.kufstein.com,
www.kranzhorn.at

Im Inntal stehen zwei markante Berge auf der östlichen Talseite, die steil zum Inn hin abfallen: der Heuberg und das Kranzhorn. Wir Wandermuffel nehmen den Anstieg vom Erler Berg und sparen uns damit fast 500 Höhenmeter.

Zur Kranzhornalm   Wir folgen am oberen Ende des ❶ **Parkplatzes** der kleinen Almstraße und wandern an einem Bach entlang aufwärts über den lang gezogenen Almboden. An seinem Ende wendet sich unsere Almstraße nach links und führt über einige Serpentinen zur Schindlau-Alm hinauf. Unser nächstes Ziel ist die ❶ **Kranzhornalmhütte**, die wir nach ein paar weiteren Serpentinen erreichen. Von bescheidener Almhütte kann hier keine Rede mehr sein, inzwischen hat sie sich zu einem Berggasthof und einem beliebten Treffpunkt der Mountainbiker gemausert.

Im kleinen Talkessel liegt die Kranzhornhütte.

Auf das Kranzhorn

Trotzdem fügen sich die Gebäude harmonisch in den Almkessel und gegen eine leckere Brotzeit haben auch wir sicherlich nichts einzuwenden.

Auf den Kranzhorngipfel Zuvor wollen wir aber den Gipfel erreichen. Wir nehmen vor der Kranzhornalm den Pfad rechts und steigen nun nach richtiger Bergsteigermanier steil aufwärts. Nach wenigen Minuten passieren wir das kleine Almkreuz auf der großen Almwiese. Als Wandermuffel sind wir versucht, uns einfach ins Gras zu werfen und bereits hier die Tour zu beenden. Das Panorama ist unbeschreiblich. Tief unter uns liegt das Inntal versunken im herbstlichen Dunst, blau schimmernd rückt sich das Kaisergebirge ins rechte Licht und sogar der Großvenediger

Votivkreuz an der Bubenaualm

Ganz oben: Schöne Rastplätze gibt es auch für alle, die den Gipfel auslassen, zur Genüge.

grüßt freundlich aus der zweiten Reihe. Ein Tag, wie geschaffen, um die Zeit anzuhalten. Ganz ehrlich, wer nicht völlig schwindelfrei ist und wer nicht unbedingt Gipfel sammeln möchte, bleibt einfach liegen. Die Aussicht vom Gipfel ist nur ein Quantum schöner, aber natürlich bietet auch dieser seinen Reiz, denn gerade beim Kranzhorn handelt es sich ja eigentlich um einen Doppelgipfel.

Also raffen wir uns auf und folgen für weitere 20 Minuten dem Pfad aufwärts bis zum ❷ **Kranzhorngipfel**. Dessen kleines ebenes Felsplateau ist von den zwei Gipfelkreuzen markiert, eines auf der Tiroler Seite und ein zweites auf der bayerischen. Der Name Kranzhorn entstammt übrigens der Grenze zwischen Tirol und Bayern, die über seinen Gipfel verläuft. Auf drei Seiten fallen die Felsen senkrecht mehrere Hundert Meter ab. Ein Drahtseilgeländer erleichtert den Übergang zum vorderen Kreuz. Trotzdem, das kostet etwas Überwindung. Ganz vorne gibt es sogar eine kleine Aussichtsbank für den schwindelerregenden Nervenkitzel!

Übersehen dürfen wir aber nicht die kleine Kapelle unterhalb des Gipfels, die von den Besitzern der Kranzhornalm hoch in Ehren gehalten wird.

Kapellenwallfahrt

Unter dem Gipfel steht eine kleine Kapelle aus dem 17. Jahrhundert. Sie ist dem hl. Joseph geweiht. Während der NS-Zeit wurde die Kapelle verwüstet, die Figur des Heiligen den Berg hinuntergeworfen. Diese wurde nach dem Krieg wiedergefunden und erneut in der Kapelle aufgestellt. Seither hat sich eine Wallfahrt zur Kapelle entwickelt.

Abstieg über die Bubenaualm Zurück gehen wir auf dem bekannten Weg zur Kranzhornalm, die sich natürlich für eine Brotzeit oder auch für ein Mittagessen anbietet. Für den Abstieg nehmen wir den schmalen Weg über der Alm, der mit »Fußweg/Zum Parkplatz« beschildert ist. Der Pfad ist etwas ausgewaschen, aber wir verlieren rasch an Höhe. In einem Waldstück queren wir eine Forststraße und erreichen die ❸ **Bubenaualm**, bei der fleißige Hände eine lange Klaubsteinmauer aufgerichtet haben. Ein schmaler, kaum sichtbarer Wiesenpfad führt in geringem Abstand zur Mauer bergab und wendet sich dann nach

Auf das Kranzhorn

links auf einen breiten Forstweg. Diesem folgen wir nur ein Stück und biegen dann wieder rechts ab, um den langweiligen Forstweg abzukürzen. Kurz darauf treffen wir wieder auf die Forststraße und auf der geht es nun weiter bergab. Einmal müssen wir uns schließlich noch links halten, dann passieren wir eine Schranke und stehen am Bach unterhalb des E **Parkplatzes**.

Klaubsteinmauer an der Bubenaualm

Zugabe

Ganz ehrlich – wir selbst würden uns sicherlich nicht als Wandermuffel bezeichnen, denn wir sind das ganze Jahr über mit großer Leidenschaft unterwegs, um neue Touren für unsere Bücher zu erkunden. Aber auch bei uns gibt es Tage, an denen wir zwar an die frische Luft und in die wunderbare Bergwelt möchten, aber uns kaum dazu aufraffen können.

Deshalb wissen wir gut, dass jeder Mensch irgendwann einmal wanderfaul ist. Je nach Jahreszeit, Alter, Lust und Laune oder Kondition sind es die einen mal mehr, die anderen mal weniger. Aber selbst diejenigen, die der sportlichen Betätigung des Wanderns äußerst skeptisch gegenüberstehen, wissen doch um die wundervollen Momente dieser Freizeitbeschäftigung. Denn ohne ein paar Schritte zu gehen, würde man eine unserer reizvollsten Landschaften, die Alpen, niemals richtig erleben. Aber, wie man in diesem Buch liest, geht das auch auf einfachen Wegen, locker und bequem.

Und wer auf einem Gipfel oder auf einer Alm die Schönheit der Berge für sich entdeckt und die Landschaft genießt, der wird seine Abneigung gegenüber dem Wandern schnell ablegen. So wird vielleicht aus einem Wandermuffel noch ein begeisterter Wanderfreund oder eine unternehmungslustige Wanderfreundin, die dann vielleicht auch größere und höhere Ziele anvisieren werden.

Egal wie viele Ambitionen jeder von uns in die Wanderungen legen wird, eines ist sicher: Muffelig wird keiner unterwegs sein, denn unsere Bayerischen Hausberge mit ihrer fantastischen Natur, den tollen Aussichten, den urigen Almen und den bunten Bergwiesen zaubern jedem von uns ein Lächeln auf die Lippen.

Wir freuen uns auf die netten Begegnungen mit einem freundlichen »Griaß eich« am Berg.

Register

A
Achensee 66
Albert-Link-Hütte 89 f.
Aueralm 72 f.
Auhütte 42

B
Bad Feilnbach 114
Bad Kohlgrub 14
Bad Tölz 56
Bärenbadalm 66 ff.
Berggasthaus Galaun 80
Berggasthof Ederkanzel 48
Biberwier 20
Binsalm 62 f.
Birkenstein 98
Blomberg 56
Blomberghaus 58
Brauneck 60
Brauneck-Gipfelhaus 60 f.
Breitenstein 100
Burgruine Hohenwaldeck 84

D
Dammkar 51 f.

E
Eckbauer 32
Ederkanzel 48
Eibsee 16
Eng 62
Esterbergalm 31

F
Ferchensee 45
Flintsbach 116
Forsthaus Graseck 33

G
Garmisch-Partenkirchen 16, 28, 34
Gaststätte St. Anton 44
Großer Ahornboden 65
Grünkopf 48

H
Haushamer Alm 90
Heigelkopf 56
Herzogstand 36
Herzogstandhaus 36
Hinteres Sonnwendjoch 108
Hoher Kranzberg 44
Höllkopf 20
Hörnle 14
Hundham 96

I
Inntal 120

K
Karwendel 64, 66
Karwendelgrube 50
Kesselalm 98
Kranzberghaus 44
Kranzhorn 120
Kranzhornalm 120
Krepelschrofen 40

L
Lautersee 47 f.

M
Mariandlalm 104 f.
Marienbergjoch 20
Markus Wasmeier Freilichtmuseum 84, 86
Mittenwald 44, 48, 50
Montan-Wanderweg 22

N
Nördliche Linderspitze 50

O
Osterhofen 103

P
Partnachklamm 32
Petersberg 116
Pertisau 66

Q
Quenger-Alm 60

R
Riederstein 80
Risserkogel 74
Rosskopf 88
Rosswank 29
Rotkopf 90
Rotwand 93
Rotwandhaus 92
Ruine Falkenstein 116

S
Schliersee 84
Schlierseer Höhenweg 84
Schwarzenberg 96
Schweinsberg 100
Seebensee 24
Setzberg 74
Siebenhütten 76
Spitzingsee 88
Stie-Alm 60
St. Notburga Dien-Mut-Weg 69
Stolzenberg 91
Stümpfling 88
Sunnalm 22

T
Taubensteinhaus 92
Tegernsee 72, 74, 80
Tölzer Hütte 60

U
Ursprungtal 104, 108

W
Wallberg 74
Wallgau 40
Wamberg 34
Wank 28
Wankhaus 28
Wendelstein 102
Westliche Karwendelspitze 50
Wildbad Kreuth 76, 79
Wirtsalm 114

Z
Zwiesel 56
Zwölferkogel 66

Ebenfalls erhältlich ...

ISBN 978-3-86246-117-2

Urige Gemütlichkeit, kulinarische Schmankerl, geniale Aussicht: Wer etwas Besonderes sucht, erliegt dem Charme der Lieblingsalmen in diesem originellen Hüttenführer

ISBN 978-3-86246-576-7

Lohnende Panoramawanderungen für Gemütliche, körperlich Eingeschränkte und Gescheite: Wieso plagen, wenn der Wandergenuss so einfach ist?

www.j-berg-verlag.de

Impressum

Verantwortlich: Sabine Klingan
Redaktion: Dr. Gotlind Blechschmidt
Layout: Eva-Maria Klaffenböck
Repro: Cromika
Kartografie: Bruckmann Verlag GmbH, Heidi Schmalfuß
Herstellung: Alexander Knoll
Printed in Slovenia by Florjancic

> Sind Sie mit diesem Titel zufrieden? Dann würden wir uns über Ihre Weiterempfehlung freuen. Erzählen Sie es im Freundeskreis, berichten Sie Ihrem Buchhändler, oder bewerten Sie bei Onlinekauf. Und wenn Sie Kritik, Korrekturen, Aktualisierungen haben, freuen wir uns über Ihre Nachricht an Bruckmann Verlag, Postfach 40 02 09, D-80702 München oder per E-Mail an lektorat@verlagshaus.de.

Unser komplettes Programm finden Sie unter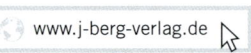

Alle Angaben dieses Werkes wurden vom Autor sorgfältig recherchiert und auf den neuesten Stand gebracht sowie vom Verlag geprüft. Für die Richtigkeit der Angaben kann jedoch keine Haftung übernommen werden, weshalb die Nutzung auf eigene Gefahr erfolgt. Insbesondere bei GPS-Daten können Abweichungen nicht ausgeschlossen werden. Sollte dieses Werk Links auf Webseiten Dritter enthalten, so machen wir uns die Inhalte nicht zu eigen und übernehmen für die Inhalte keine Haftung.
In diesem Buch wird aus Gründen der besseren Lesbarkeit das generische Maskulinum verwendet. Weibliche und anderweitige Geschlechteridentitäten werden dabei ausdrücklich mitgemeint, soweit es für die Aussage erforderlich ist.

Sie sind auf der Suche nach weiterführender Literatur? Dann empfehle ich Ihnen den Titel »Leichte Wanderungen Bayerische Hausberge« von Heinrich Bauregger. Oder Sie werfen einen Blick in die Zeitschrift »Bergsteiger«. Hier werden Sie bestimmt fündig.
Ihre Janina und Markus Meier und Wilfried und Lisa Bahnmüller

Bildnachweis: L. u. W. Bahnmüller: 2, 3 (o., u.), 8, 9, 15, 17, 18, 19 (o., u.), 25, 26 , 27, 41, 43, 54/55, 62, 63, 65, 66, 67, 68 (l., Mitte), 69, 72, 76, 77, 78 (o., u.), 79, 82/83, 84, 85, 87, 97 (o., u.), 104, 105, 107 (o., u.), 108, 109, 111 (o., u.), 112/113, 115 (o., u.), 116, 117 (o., u.), 119, 120, 121 (o., u.), 123, 124 o.; J. u. M. Meier: 4 (o., u.), 6, 7, 10, 11, 12/13, 21 (o., u.), 22 (l., Mitte), 23, 28, 29, 30, 32, 33, 35, 37, 38/39, 44, 45, 46, 47, 49, 51 (o., u.), 52, 53 (o., u.), 56, 57, 58, 59, 60, 61, 70/71, 75, 81, 89, 90, 91 (o., u.), 92, 93, 94, 95, 98, 99, 100 (l., Mitte), 101 (o., u.), 103; S. 124 u.: Angela Hammer

Umschlagvorderseite: Die idyllische Mariandlalm (Tour 26), L. u. W. Bahnmüller
Umschlagrückseite: Auf dem Blomberg (Tour 12), J. u. M. Meier

Die Deutsche Nationalbibliothek verzeichnet diese Publikation in der Deutschen Nationalbibliografie; detaillierte bibliografische Daten sind im Internet über http://dnb.d-nb.de abrufbar.

Aktualisierte Neuauflage
© 2020, 2019 J. Berg Verlag in der Bruckmann Verlag GmbH,
Infanteriestraße 11a, 80797 München
ISBN 978-3-86246-608-5